COURS MOYEN ET SUPÉRIEUR

DE

GÉOGRAPHIE

A l'usage des Élèves des Lycées (classes de 8e et de 7e) et des Candidats au Certificat d'études primaires.

LIVRE-ATLAS

Rédigé conformément aux nouveaux programmes de l'Enseignement

PAR

CHARLES LASSAILLY

GÉOGRAPHE

Lauréat du Congrès international des sciences géographiques (Paris, 1875),
Ancien professeur à l'École polytechnique de Saint-Pétersbourg, officier d'Académie.

MATIÈRES CONTENUES DANS CE VOLUME :
Notions élémentaires de Cosmographie. — Géographie physique du globe. Étude détaillée de la France et de ses colonies. — Étude détaillée de l'Europe. — Étude sommaire de l'Afrique, de l'Asie, de l'Amérique, de l'Océanie, des Régions polaires. — Les Grands voyages et les Principales découvertes. — Les Races humaines. Faune et flore terrestres. — Trente cartes coloriées, et gravures.

PARIS
AUG. BOYER & Cie, LIBRAIRES-ÉDITEURS
49 — RUE SAINT-ANDRÉ-DES-ARTS — 49

COURS MOYEN ET SUPÉRIEUR DE GÉOGRAPHIE

NOTIONS PRÉLIMINAIRES

LES ASTRES

1. L'**univers** est la réunion de tous les *astres*; c'est le monde entier, ciel et terre.

2. Les principaux **astres** ou corps célestes sont : les étoiles, les planètes, les satellites des planètes.

3. On nomme **étoiles** des astres lumineux par eux-mêmes et qui conservent toujours la même position les uns par rapport aux autres.

L'étoile la plus voisine de nous est le **soleil**.

Bien que le soleil soit l'étoile la plus voisine de nous, sa distance à la terre est tellement considérable (37 millions de lieues) qu'il faudrait 300 ans à un train express marchant nuit et jour pour arriver à cet astre.

4. Les **planètes** sont des astres qui tournent autour du soleil et sont éclairés par lui. Il y a huit planètes principales ; l'une d'elles est la **terre**.

5. On nomme **satellites** de petits astres qui tournent autour d'une planète et qui reçoivent leur lumière du soleil.

La **lune** est un satellite de la terre.

6. On appelle **système solaire** l'ensemble formé par le soleil et les astres qui tournent autour de lui.

LA TERRE

FORME DE LA TERRE.

7. La terre est presque **ronde** ; elle a la forme d'un *globe*.

8. On appelle **surface** de la terre sa partie extérieure.

9. La **géographie** est la description de la *surface* de la terre.

10. Pour représenter la surface de la terre, on se sert, soit d'un *globe* ou *sphère terrestre*, soit de *cartes géographiques*.

ORIENTATION.

11. On reconnaît la position des différents pays de la terre au moyen des **quatre points cardinaux**, qui sont : le *nord* ou septentrion, — l'*est* ou levant ou orient, — le *sud* ou midi, — l'*ouest* ou couchant ou occident (voir la fig. 1).

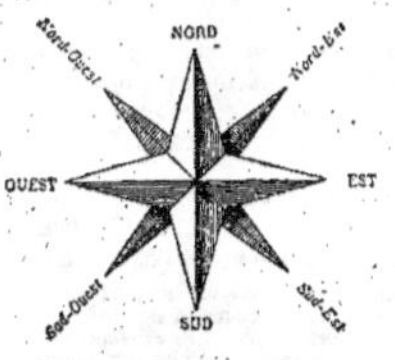

Fig. 1. — Points cardinaux.

On appelle *points collatéraux* les points situés entre les quatre points cardinaux ; ce sont : le nord-ouest, — le nord-est, — le sud-ouest, — le sud-est (fig. 1).

12. **S'orienter**, c'est se diriger en se servant des points cardinaux.

Fig. 2. — Manière de s'orienter pendant le jour.

13. Pour s'orienter, il faut se placer de manière à avoir à sa droite l'*orient* (ou levant), c'est-à-dire le côté où le soleil semble se lever. Alors on a l'ouest (ou couchant) à sa gauche, le nord devant soi, le sud derrière soi (fig. 2).

La limite au delà de laquelle nos yeux ne distinguent plus rien forme ce qu'on appelle l'*horizon*.

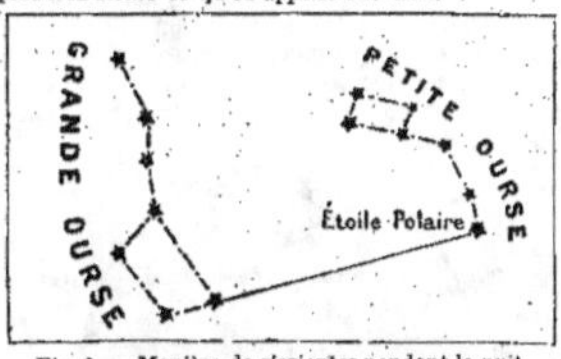

Fig. 3. — Manière de s'orienter pendant la nuit.

14. Lorsque la nuit est claire, on peut s'orienter en cherchant dans le ciel l'**étoile polaire**, étoile brillante que l'on retrouve toujours à la même place (fig. 3). — Alors on a le nord devant soi, le sud derrière soi, l'est à sa droite, l'ouest à sa gauche.

15. On peut encore s'orienter en se servant de la **boussole**, petit instrument formé d'une aiguille aimantée très mobile, dont une pointe se dirige toujours vers le nord (fig. 4).

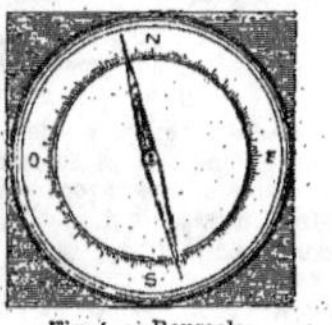

Fig. 4. — Boussole.

MOUVEMENTS DE LA TERRE.

16. La terre a **deux mouvements** : un mouvement de *rotation* : elle tourne sur elle-même en 24 heures ; — un mouvement de *translation* : elle tourne autour du soleil en une année.

17. Les deux mouvements de la terre ont lieu **de l'ouest à l'est** et sont **simultanés**, c'est-à-dire qu'ils s'accomplissent en même temps.

Les deux mouvements de la terre peuvent être comparés aux mouvements d'une toupie qui tourne sur elle-même et qui traçait en même temps un cercle autour d'une autre toupie immobile figurant le soleil.

18. Le mouvement de rotation de la terre produit la **succession du jour et de la nuit**.

La terre en tournant sur elle-même présente successivement aux rayons du soleil la moitié de sa surface. Pour la moitié éclairée, il fait jour ; pour la moitié non éclairée il fait nuit.

Comme on le sait, les jours et les nuits n'ont pas la même durée aux différentes époques de l'année.

Le mouvement de translation de la terre produit les **saisons**.

LES SAISONS.

19. Dans notre pays il y a quatre saisons : le **printemps** (du 21 mars au 21 juin), — l'**été** (du 21 juin au 23 septembre), — l'**automne** (du 23 septembre au 22 décembre), — l'**hiver** (du 22 décembre au 20 mars).

Le *printemps* est la saison des fleurs ; au commencement de cette saison les jours et les nuits ont la même durée : la température est douce. — L'*été* est la saison des récoltes ; les jours sont plus longs que les nuits et les rayons du soleil tombent presque d'aplomb sur la terre : la température est chaude. — L'*automne* est la saison des vendanges ; les jours et les nuits ont la même durée au commencement de cette saison : la température est douce. — L'*hiver* est la saison où la végétation se repose ; les nuits sont plus longues que les jours et les rayons du soleil ne tombent pas d'aplomb, mais obliquement sur la terre : la température est froide.

AXE DE LA TERRE, POLES, ANTIPODES.

20. La terre tourne sur elle-même comme si elle pivotait autour d'un **axe**, c'est-à-dire d'une ligne qui passerait par son *centre* (fig. 5).

21. Les deux extrémités de l'axe de la terre sont les deux **pôles** (fig. 5).

22. Le pôle tourné vers l'étoile polaire est le *pôle nord* ; il est appelé aussi pôle arctique, pôle boréal.

Le pôle opposé au pôle nord est le *pôle sud* ; il est appelé aussi pôle antarctique, pôle austral.

23. On appelle **antipodes** les points du globe qui sont tout à fait opposés.

L'antipode du pôle nord est le pôle sud. — L'antipode de *Paris* est une petite île de l'Océanie.

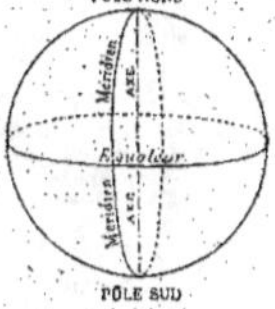

Fig. 5.

ÉQUATEUR, PARALLÈLES, MÉRIDIENS.

24. Pour faciliter les recherches sur la sphère terrestre, on a imaginé de tracer sur cette sphère un certain nombre de **cercles**.

25. Le grand cercle que l'on suppose tracé à égale distance des deux pôles se nomme **équateur** (fig. 5).

QUESTIONNAIRE

Notions préliminaires. — Les astres. — **1.** Quel nom donne-t-on à la réunion de tous les astres ? — **2.** Quels sont les principaux astres ? — **3.** Qu'est-ce que les étoiles ? — Quelle est l'étoile la plus voisine de nous ? — **4.** Qu'est-ce que les planètes ? — Qu'est-ce que la terre ? — **5.** Qu'est-ce que les satellites des planètes ? — Qu'est-ce que la lune ? — **6.** Qu'appelle-t-on système solaire ?

La Terre. — Forme de la terre. — **7.** Quelle est la forme de la terre ? — **8.** Qu'appelle-t-on surface de la terre ? — **9.** Qu'est-ce que la géographie ? — **10.** De quoi se sert-on pour représenter la surface de la terre ?

Orientation. — **11.** Par quel moyen reconnaît-on la position des différents pays de la terre ? — **12.** Qu'est-ce que s'orienter ? — **13.** Comment fait-on pour s'orienter ? — **14.** Comment peut-on s'orienter la nuit ? — **15.** Quel est l'instrument à l'aide duquel on peut s'orienter ?

Mouvements de la terre. — **16.** Quels sont les deux mouvements de la terre ? — **17.** Dans quel sens ont lieu les deux mouvements de la terre et comment s'accomplissent-ils ? — **18.** Que produisent les deux mouvements de la terre ?

Les saisons, axe de la terre, pôles, antipodes. — **19.** Quelles sont les quatre saisons ? — Dites ce qui distingue chacune d'elles. — **20.** Expliquez ce qu'on entend par axe de la terre. — **21.** Comment appelle-t-on les deux extrémités de l'axe de la terre ? — **22.** Quels sont les deux pôles ? — **23.** Qu'est-ce que les antipodes ?

Équateur, parallèles, méridiens, latitude, longitude. — **24.** Qu'a-t-on imaginé pour faciliter les recherches sur la sphère terrestre ? — **25.** Qu'est-ce que l'équateur ? — L'équateur est-il plus éloigné d'un pôle que de l'autre ?

L'équateur divise la sphère terrestre en deux **hémisphères**[1] : l'hémisphère *boréal*, entre l'équateur et le pôle nord, — l'hémisphère *austral*, entre l'équateur et le pôle sud.

Tous les cercles tracés parallèlement à l'équateur se nomment *parallèles :* ce sont de petits cercles.

26. Les **méridiens** sont de grands cercles qui passent par les deux pôles.

Chaque méridien divise la sphère terrestre en deux **hémisphères**: l'hémisphère *oriental*, à droite de ce méridien; l'hémisphère *occidental*, à gauche de ce même méridien.

27. Le méridien qui passe à Paris a été choisi par les Français comme **premier méridien.**

LATITUDE, LONGITUDE.

28. La latitude et la longitude servent à reconnaître la **position** d'un lieu par rapport à un autre et à mesurer les distances.

29. Pour calculer la latitude et la longitude, on a **divisé** l'équateur et les méridiens en 360 parties égales ou *degrés*.

30. La **latitude** d'un lieu est la distance de ce lieu à l'équateur; cette distance est mesurée en degrés sur le méridien du lieu.

Sur les cartes, les degrés de latitude sont indiqués le long du cadre, à droite et à gauche.

31. La latitude d'un lieu est *septentrionale* si ce lieu est situé au nord de l'équateur; elle est *méridionale* si ce lieu est situé au sud de l'équateur.

EXEMPLES : *Pékin*, capitale de la Chine (carte, p. 41), est à 40° (40 degrés) de latitude septentrionale; — *Melbourne*, grande ville de l'Australie (carte p. 42), est à environ 40° de latitude méridionale.

32. La **longitude** d'un lieu est la distance de ce lieu au *premier méridien*; cette distance est mesurée en degrés sur l'équateur.

Sur les cartes, les degrés de longitude sont indiqués en haut et en bas du cadre. Le méridien de *Paris* est marqué 0 (zéro).

33. La longitude d'un lieu est *orientale* si ce lieu est situé à l'est du premier méridien (méridien de Paris); elle est *occidentale* si ce lieu est situé à l'ouest du premier méridien.

EXEMPLES : *Tokio*, capitale du Japon (carte, p. 41), est à environ 140° de longitude orientale; — *Philadelphie*, grande ville des Etats-Unis (carte p. 34), est à environ 80° de longitude occidentale.

DIFFÉRENCE D'HEURE.

34. La terre en tournant sur elle-même, de l'ouest à l'est, présente *successivement* au soleil tous les points de sa circonférence équatoriale, soit 360° en 24 heures ou 15° en 1 heure (360 : 24 = 15).

Il en résulte que pour deux localités situées à 15° de longitude l'une de l'autre, il y a une différence de **1 heure**.

35. Pour les localités situées *à l'est* du méridien de Paris, l'heure **avance**; elle **retarde** pour les localités situées *à l'ouest* de ce même méridien.

EXEMPLES : Lorsque midi sonne à *Paris*, il est 2 heures de l'après-midi à *Suez*, ville d'Egypte (carte, p. 38), située à 30° de longitude orientale (30 : 15 = 2); de même, il est 6 heures du matin à la *Nouvelle-Orléans*, ville des Etats-Unis (carte p. 34), située à environ 90° de longitude occidentale (90 : 15 = 6).

36. On peut déterminer la longitude d'un lieu lorsqu'on connaît l'*heure de ce lieu* et l'heure correspondante de *Paris*.

EXEMPLES : 1° Indiquer la longitude de *Calcutta*, ville de l'Inde, en Asie (carte p. 41), sachant que l'heure de cette cité avance d'environ 6 heures sur Paris. — *Réponse :* Calcutta est à 90° de longitude orientale (6 × 15 = 90). — 2° Indiquer la longitude de *Buénos-Ayres* (capitale de la république Argentine dans l'Amérique du Sud) (carte p. 37), sachant que l'heure de cette ville retarde d'environ 4 heures sur Paris. *Réponse* : Buénos-Ayres est à 60° de longitude occidentale (4 × 15 = 60).

TROPIQUES, CERCLES POLAIRES, ZONES.

37. Les **tropiques** (fig. 6) sont deux petits cercles parallèles tracés à environ 23° de part et d'autre de l'équateur. Celui qui se trouve dans l'hémisphère boréal est le tropique du *Cancer;* celui qui se trouve dans l'hémisphère austral est le tropique du *Capricorne.*

38. Les **cercles polaires** (fig. 6) sont deux petits cercles parallèles tracés à environ 23° des pôles. Celui qui se trouve dans l'hémisphère boréal est le cercle polaire *Arctique;* celui qui se trouve dans l'hémisphère austral est le cercle polaire *Antarctique.*

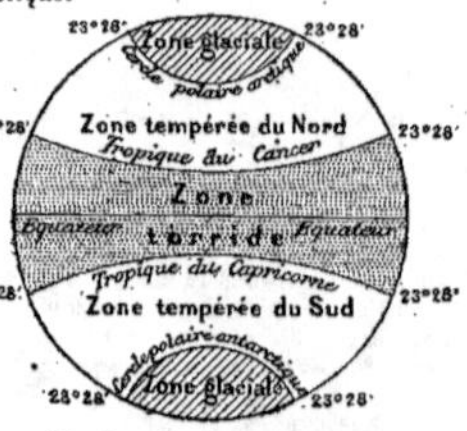

Fig. 6. — Les zones terrestres.

39. Les tropiques et les cercles polaires délimitent cinq bandes ou **zones terrestres** (fig. 6) qui reçoivent les rayons du soleil plus ou moins directement, et qui sont par conséquent plus ou moins chaudes.

40. Les cinq zones sont : la zone *glaciale du Nord*; la zone *tempérée du Nord;* la zone *torride;* la zone *tempérée du Sud;* la zone *glaciale du Sud*.

La zone la plus chaude est la zone torride; les zones les plus froides sont les zones glaciales. Dans les zones tempérées, ni la chaleur ni le froid ne sont excessifs.

ÉCHELLE, MESURES ITINÉRAIRES.

41. **L'échelle** d'une carte est le *rapport* qui existe entre les dimensions de cette carte et les dimensions de la surface qu'elle représente; en d'autres termes, l'échelle indique le rapport qu'il y a entre l'image et la réalité.

Sur la carte de France, page 7, chaque millimètre de l'échelle représente une longueur réelle de 5 kilomètres ou 5000 mètres.

42. Les **mesures itinéraires**[2] les plus usitées pour les échelles sont : le kilomètre (1 000 mètres), le myriamètre (10 000 mètres), le mille marin (1 852 mètres), le nœud (15 mètres environ).

La circonférence de la terre étant de 40 000 kilomètres, la valeur d'un degré de la circonférence terrestre est de 40 000 : 360 = 111 kilomètres.

GÉOGRAPHIE PHYSIQUE DU GLOBE

TERRES ET EAUX

LA MER ET LES CONTINENTS, PARTIES DU MONDE.

43. La surface de la terre est aux *trois quarts* recouverte par une grande nappe d'eau salée que l'on appelle la **mer** ou l'**océan.** — La partie du globe (un quart) qui n'est pas recouverte par la mer forme des *continents* et des *îles*[3].

44. Un **continent** est une grande étendue de terre que l'on peut parcourir sans traverser la mer.

Il y a *trois continents :* l'ancien continent, le nouveau continent, le continent australien. — Ces trois continents comprennent les *cinq parties du monde*, qui sont les grandes divisions du globe.

45. **L'ancien continent** comprend trois parties du monde : l'*Europe*, l'*Asie*, l'*Afrique*. **Le nouveau continent**, ou continent américain, forme, sous le nom d'*Amérique*, la quatrième partie du monde. L'Australie, ou **continent australien**, et les îles qui l'environnent forment, sous le **nom** d'*Océanie*, la cinquième partie du monde.

OCÉANS, MOUVEMENT DES EAUX, NIVEAU DE LA MER.

46. On divise en **cinq océans** la nappe d'eau salée ou mer qui recouvre les trois quarts du globe.

Les océans occupent *plus d'étendue* dans l'hémisphère austral que dans l'hémisphère boréal.

47. Les cinq océans sont : l'océan *Pacifique* ou *Grand Océan;* l'océan *Atlantique;* l'océan *Indien;* l'océan *glacial Arctique* ou *du Nord;* l'océan *glacial Antarctique* ou *du Sud.*

L'océan Pacifique est le plus grand des cinq océans du globe.

48. Les eaux de la mer sont continuellement en **mouvement.** Ce mouvement se manifeste par les *vagues*, les *marées* et les *courants maritimes.*

49. Les **vagues** sont des rides que le vent forme à la surface de la mer.

50. Les **marées** sont le mouvement quotidien des flots de la mer qui avancent sur le rivage puis qui abandonnent celui-ci après l'avoir baigné.

Lorsque le flot de la mer avance sur le rivage, c'est la marée *montante* ou *flux;* lorsque le flot de la mer abandonne le rivage, c'est la marée *descendante* ou *reflux*. La durée de chaque marée est d'environ six heures.

1. *Hémisphère*, moitié de sphère.

2. *Mesures itinéraires*, celles dont on fait usage pour mesurer et indiquer la longueur de chemin d'un point à un autre.

3. Une *île* est une terre entourée d'eau de tous côtés.

25. Comment l'équateur divise-t-il la sphère terrestre? — Qu'est-ce que les parallèles? — **26.** Qu'est-ce que les méridiens? — Comment chaque méridien divise-t-il la sphère terrestre? — **27.** Comment appelle-t-on le méridien qui passe à Paris? — **28.** A quoi servent la latitude et la longitude? — **29.** Qu'a-t-on fait pour calculer la latitude et la longitude? — **30.** Qu'appelle-t-on latitude d'un lieu? — **31.** Quand dit-on que la latitude d'un lieu est septentrionale? — méridionale? — **32.** Qu'appelle-t-on longitude d'un lieu? — **33.** Quand dit-on que la longitude d'un lieu est orientale? — occidentale?

DIFFÉRENCE D'HEURE, TROPIQUES, CERCLES POLAIRES, ZONES, ÉCHELLE, MESURES ITINÉRAIRES. — **34.** Quelle est la différence d'heure pour deux localités situées à 15 degrés de longitude l'une de l'autre? — **35.** Quelles sont les localités dont l'heure avance sur Paris? — dont l'heure retarde sur Paris. — **36.** Comment peut-on déterminer la longitude d'un lieu? — **37.** Qu'appelle-t-on tropiques? — Nommez les tropiques. — **38.** Qu'appelle-t-on cercles polaires? — Nommez les cercles polaires. — **39.** Qu'est-ce que les tropiques et les cercles polaires délimitent? — **40.** Nommez les cinq zones terrestres. — **41.** Qu'entend-on par échelle d'une carte?

42. Quelles sont les mesures itinéraires les plus usitées pour les échelles?

CONTINENTS, ILES, PARTIES DU MONDE, OCÉANS, MOUVEMENT DES EAUX, NIVEAU DE LA MER. — **43.** Par quoi sont recouverts les trois quarts de la surface de la terre? — **44.** Qu'est-ce qu'un continent? — Combien y a-t-il de continents? — **45.** Nommez les cinq parties du monde et les continents dont elles dépendent? — **46.** Combien y a-t-il d'océans? — **47.** Nommez les cinq océans. — **48.** Quels sont les différents mouvements des eaux de la mer? — **49.** — Qu'est-ce que les vagues? — **50.** Qu'est-ce que les marées?

51. Les **courants maritimes** sont un mouvement perpétuel établi entre les eaux froides des régions polaires et les eaux chaudes des régions qui avoisinent l'équateur.

52. Le courant maritime le plus célèbre est le **Gulf-Stream**[1], dont les eaux chaudes viennent réchauffer les côtes occidentales de l'Europe.

53. La mer, malgré le mouvement perpétuel de ses eaux, a, dans son ensemble, une surface très uniforme, dont le *niveau* est à peu près le même partout.

54. L'élévation d'un lieu quelconque des continents et des îles au-dessus du niveau de la mer se nomme l'**altitude** de ce lieu.

EXEMPLE : L'altitude du mont Blanc (le sommet le plus élevé des Alpes) est de 4 810 mètres, ce qui signifie qu'il y a 4 810 mètres de différence de hauteur entre ce mont et le niveau des eaux de la mer.

ATMOSPHÈRE

55. La terre est enveloppée de tous côtés par une couche d'air appelée **atmosphère**.

56. L'air est composé surtout de deux gaz : l'**oxygène** et l'**azote**; il contient aussi une petite quantité d'*acide carbonique* et de *vapeur d'eau*.

VENTS.

57. A l'équateur, où le sol est chaud, l'air s'échauffe à son contact; il devient plus léger et s'élève dans les régions supérieures de l'atmosphère. Près des pôles, au contraire, où le sol est froid, l'air se refroidit; il devient plus lourd, il descend vers les régions inférieures de l'atmosphère, se dirige vers l'équateur où il va combler le vide qui s'est formé par l'ascension[2] de l'air chaud.

Ces courants continuels d'air chaud qui monte et d'air froid qui descend, constituent les **vents**.

58. Parmi les vents on distingue : les *alizés*, qui soufflent constamment des pôles vers l'équateur; les *moussons*, qui soufflent périodiquement[3], tantôt dans une direction, tantôt dans une autre; les vents *locaux* (comme le mistral de France), qui ne soufflent que dans certaines régions et doivent leur existence à des causes locales.

59. On appelle *ouragans*, *trombes*, *cyclones*, des courants atmosphériques très violents qui forment des tourbillons.

CLIMATS.

60. Le **climat** général d'un pays est plus ou moins rigoureux selon que ce pays est plus ou moins *distant de l'équateur* et que la quantité de *vapeur d'eau* que contient l'atmosphère est plus ou moins considérable.

61. On distingue surtout deux espèces de climats : le climat **maritime** et le climat **continental**.

Le climat *maritime* est particulier aux régions voisines de la mer. Les écarts entre la température de l'hiver et celle de l'été ne sont pas considérables, ce qui rend ce climat assez *doux*. — Le climat *continental* est particulier aux régions éloignées de la mer. Les écarts entre la température de l'hiver et celle de l'été sont considérables, ce qui rend ce climat *rigoureux*.

PLUIE.

62. La vapeur d'eau de l'atmosphère, sous l'influence d'un refroidissement subit de l'air, se transforme successivement en *brouillard*, en *nuage*, puis en *pluie* ou en *neige*.

63. La pluie qui tombe sur la surface solide du globe suit deux routes distinctes : ou bien elle *pénètre* dans la terre et en sort ensuite sous forme de sources, ou bien elle *glisse* à la surface du sol pour aller, soit à un lac, soit à un cours d'eau, soit à la mer.

NEIGE, GLACIERS.

64. La **neige** est formée par des gouttelettes d'eau que le froid a fait passer à l'état solide.

65. En s'accumulant sur les montagnes, la neige se tasse, puis se transforme en glace et forme des **glaciers**.

Les glaciers ne sont pas immobiles; ce sont de véritables *fleuves solides*; ils descendent sur les flancs des montagnes et entraînent avec eux des débris de rochers.

66. La neige et les glaciers, en fondant, *grossissent* les cours d'eau et les lacs.

67. Il y a des neiges et des glaces qui ne disparaissent jamais du sommet de certaines montagnes : c'est ce qu'on appelle les **neiges perpétuelles**.

A l'équateur, il faut monter à 5 000 mètres au-dessus du niveau de la mer pour trouver les neiges perpétuelles, tandis que près des pôles il suffit de dépasser 1 500 mètres d'altitude.

TERMES GÉOGRAPHIQUES

TERMES RELATIFS AU CONTACT DES TERRES ET DES MERS.

68. Une **île** (fig. 7, n° 1) est une terre entourée d'eau de tous côtés.

69. Un **archipel** (fig. 7, n° 6) est un groupe d'îles rapprochées les unes des autres.

70. Une **presqu'île** (fig. 7, n° 2) est une terre entourée d'eau de plusieurs côtés, et qui est par conséquent presque une île.

Une toute petite presqu'île est une *langue de terre*. — Une grande presqu'île, rattachée au continent par une large base (comme l'Espagne, carte, p. 29), porte souvent le nom de *péninsule*.

71. Un **isthme** (fig. 7, n° 5) est une bande étroite de terre qui sépare deux mers et relie deux terres.

72. Un **cap** (fig. 7, n° 18) est une partie de terre qui s'avance dans la mer.

Un cap bas et aigu est appelé *pointe* et quelquefois *nez*. — Un cap qui est beaucoup plus élevé que le niveau de la mer est un *promontoire*.

73. On appelle **côte, littoral, rivage** (fig. 7, n° 17) la partie de terre qui est baignée par la mer.

Les *plages* sont des côtes basses; elles sont couvertes soit de cailloux arrondis nommés *galets*, soit de sables plus ou moins fins, soit de boues ou vase. Les *côtes rocheuses* sont celles qui sont formées par des rochers. Les *falaises* sont des côtes qui s'arrêtent brusquement à la mer et dominent celle-ci. — Les *dunes* sont des amas de sable qui s'étendent le long des bords de la mer.

74. Un **golfe** (fig. 7, n° 3) est une partie de mer qui s'avance dans les terres.

Une *baie* (fig. 7, n° 19), une *anse*, une *crique* sont de petits golfes. — Une *rade* est un golfe dont l'entrée est étroite et dont les bords peuvent abriter les navires contre le vent.

75. Un **port** est un tout petit golfe à l'abri du vent, où l'homme a fait des travaux pour que les navires puissent en sécurité y charger et décharger leurs marchandises.

Certains ports portent le nom de *havre*.

76. Un **détroit** (fig. 7, n° 4) est un passage étroit que la mer s'ouvre entre deux terres.

Certains détroits portent les noms de *pas*, de *canal*, de *bosphore*, de *phare*. — Des détroits très resserrés portent aussi les noms de *pertuis*, de *passe*, de *goulet*.

TERMES RELATIFS AU RELIEF DU SOL.

77. Les parties du sol qui se trouvent plus ou moins élevées au-dessus du niveau de la mer forment ce qu'on appelle le **relief du sol**.

78. Une **plaine** (fig. 7, n° 16) est un sol uni et généralement peu élevé au-dessus du niveau de la mer.

79. Un **plateau** (fig. 7, n° 15) est un terrain élevé et généralement plat.

80. Une **colline** (fig. 7, n° 11) est une élévation de terre qui a moins de 500 mètres au-dessus du niveau de la mer.

Une colline de moins de 100 mètres s'appelle *butte*, *tertre*, *monticule*.

81. Une **montagne** (fig. 7, n° 13) est une élévation de terre qui a plus de 500 mètres au-dessus du niveau de la mer.

82. On appelle **chaîne de montagnes** (fig. 7, n° 14) une suite de montagnes qui tiennent les unes aux autres.

Un *massif* est l'ensemble de plusieurs chaînes de montagnes. — Un *nœud* est le point où se soudent deux ou plusieurs chaînes de montagnes. — Un *système de montagnes* est l'ensemble de plusieurs chaînes ayant des traits communs comme formation, comme aspect. — Les *contreforts* sont les chaînons qui se détachent d'une chaîne principale et se dirigent dans un sens opposé à sa direction générale.

83. On appelle **pied** d'une montagne la partie où cette montagne commence à s'élever au-dessus du sol environnant.

84. La partie la plus élevée d'une montagne est le **sommet**.

Le sommet d'une montagne porte aussi les noms de *cime*, de *faîte*, de *crête*, d'*arête*. — Lorsque le sommet est arrondi, il s'appelle quelquefois *ballon*, *dôme*; lorsqu'il est pointu, il prend les noms d'*aiguille*, de *pic*, de *pointe*, de *dent*.

1. *Gulf-stream*, nom anglais qui signifie : *courant du golfe*; a été appelé ainsi par les Anglais parce qu'il prend naissance dans le *golfe* du Mexique (carte, p. 34).
2. *Ascension*, action de monter.
3. *Périodiquement*, régulièrement, à époques fixes.

---

51. Qu'est-ce que les courants maritimes? — 52. Citez un courant maritime célèbre. — 53 et 54. Qu'appelle-t-on altitude d'un lieu?

ATMOSPHÈRE, VENTS, CLIMATS. — 55. Qu'est-ce que l'atmosphère? — 56. De quoi est composé l'air? — 57. Qu'est-ce que les vents? — 58. Nommez les principaux vents. — 59. Quels noms donne-t-on à certains courants atmosphériques très violents? — 60. Quand le climat général d'un pays est-il plus ou moins rigoureux? — 61. Quelles sont les deux grandes espèces de climats? — Qu'est-ce que le climat maritime? — le climat continental?

PLUIE, NEIGE, GLACIERS. — 62. En quoi se transforme la vapeur d'eau de l'atmosphère sous l'influence d'un refroidissement subit? — 63. Parlez de la pluie. — 64. Qu'est-ce que la neige? — 65. En quoi se transforme souvent la neige? — 66. Que deviennent la neige et les glaciers en fondant? — 67. Qu'appelle-t-on neiges perpétuelles?

Termes géographiques. — TERMES RELATIFS AU CONTACT DES TERRES ET DES MERS. — 68. Qu'est-ce qu'une île? — 69. Qu'est-ce qu'un archipel? — 70. Qu'est-ce qu'une presqu'île? — 71. Qu'est-ce qu'un isthme? — 72. Qu'est-ce qu'un cap? — 73. Qu'appelle-t-on côte, littoral, rivage? — 74. Qu'est-ce qu'un golfe? — une baie? — une anse? — 75. Qu'est-ce qu'un port? — 76. Qu'est-ce qu'un détroit?

TERMES RELATIFS AU RELIEF DU SOL. — 77. Qu'entend-on par relief du sol? — 78. Qu'est-ce qu'une plaine? — 79. Qu'est-ce qu'un plateau? — 80. Qu'est-ce qu'une colline? — 81. Qu'est-ce qu'une montagne? — 82. Qu'appelle-t-on chaîne de montagnes? — 83. Qu'appelle-t-on le pied d'une montagne? — 84. Qu'est-ce que le sommet d'une montagne? — Quels noms différents lui donne-t-on?

85. Une **vallée** est une étendue de terrain resserrée entre deux montagnes ou deux chaînes de montagnes.

Une vallée peut être comparée à une gouttière dont les montagnes forment les bords.

86. Les passages à travers les collines et les montagnes portent les noms de **col**, de *défilé*, de *gorge*, de *port*.

87. Les pentes ou **flancs** de la montagne sont l'espace extérieur compris entre le sommet et le pied de la montagne.

L'ensemble des pentes situées d'un même côté d'une chaîne de montagnes est appelé **versant**.

88. La **ligne de faîte** est une ligne que l'on suppose passer par tous les sommets d'une chaîne de montagnes.

89. Un **volcan** (fig. 7, n° 12) est une élévation de terre qui rejette de la cendre ou des matières enflammées par une ouverture appelée *cratère*.

La plupart des volcans sont situés autour de l'océan Pacifique. — Les volcans qui lancent par leur cratère des colonnes d'eau chaude sont appelés *geysers*.

90. Un **tremblement de terre** est une secousse du sol provenant soit d'un écroulement souterrain, soit de l'action de forces volcaniques.

TERMES RELATIFS AUX EAUX.

91. Les continents et les îles ont leurs côtes baignées par la *mer*, et leur partie intérieure arrosée par des *lacs* et des *cours* d'eau.

92. Un **lac** (fig. 7, n° 9) est une masse d'eau entourée de terre de tous côtés.

Il y a des lacs d'eau douce et des lacs d'eau salée. — Certains lacs d'une grande étendue portent le nom de *mer*. — On appelle *étangs*, *marais*, de tout petits lacs. — Les *lagunes* sont des étangs qui communiquent avec la mer.

93. On appelle **source** d'un cours d'eau l'endroit où ce cours d'eau sort de terre et commence à couler.

Les cours d'eau coulent parce que de l'endroit où ils sortent à l'endroit où ils finissent il y a une pente, c'est-à-dire que le terrain est plus ou moins incliné.

La pente que suit le cours d'eau a quelquefois, en certains endroits, la forme d'un escalier ; l'eau tombe alors brusquement et forme des chutes qui, selon leur importance, prennent les noms de *cascades*, de *rapides*, de *sauts*, de *cataractes*.

94. On appelle **lit** d'un cours d'eau la cavité (le creux) dans laquelle il coule.

95. Un **affluent** est un cours d'eau qui se jette dans un autre cours d'eau.

Un *sous-affluent* est un cours d'eau qui se jette dans un affluent.

96. On appelle **confluent** l'endroit où un cours d'eau se réunit à un autre cours d'eau.

97. On appelle **embouchure** l'endroit où un cours d'eau se jette dans la mer.

La partie de l'embouchure d'un fleuve où la marée se fait sentir est appelée *estuaire*.

98. On donne le nom de **bouches** aux différentes embouchures d'un cours d'eau.

99. Lorsque l'espace de terrain compris entre les bouches d'un fleuve a la forme d'un triangle, il s'appelle **delta** (fig. 7, n° 8).

100. On appelle **rives** les bords d'un cours d'eau. Il y a deux rives : la *rive droite* et la *rive gauche*.

Lorsqu'on descend un cours d'eau à la nage, on a la rive droite à sa droite, la rive gauche à sa gauche.

La partie du cours d'eau comprise entre l'endroit où l'on est (ou dont on parle) et la source s'appelle l'*amont* de ce cours d'eau. La partie du cours d'eau comprise entre l'endroit où l'on est et l'embouchure, s'appelle l'*aval* de ce cours d'eau.

EXEMPLE : Pour un habitant de Paris, l'amont de la Seine est la partie comprise *entre Paris et la source de la Seine* ; l'aval de la Seine est la partie comprise *entre Paris et le Havre* (embouchure de la Seine).

101. Les cours d'eau, suivant leur importance, reçoivent les noms de *fleuve*, de *rivière*, de *ruisseau*.

102. Un **fleuve** (fig. 7, n° 7) est un cours d'eau très important qui se jette dans la mer.

103. Une **rivière** est un cours d'eau qui se jette dans un fleuve.

On donne aussi le nom de *rivière* à des fleuves peu importants.

104. Un **ruisseau** est un tout petit cours d'eau.

Les rivières et les ruisseaux qui coulent avec une très grande rapidité sont appelés *torrents*.

105. On appelle **bassin** d'un fleuve toute l'étendue de pays arrosée par ce fleuve et par ses affluents.

Le bassin d'une mer est toute l'étendue de pays arrosée par les fleuves qui se jettent dans cette mer.

106. La **ceinture d'un bassin** est l'ensemble des terres où les cours d'eau du bassin prennent leur source. Ces terres sont quelquefois très élevées ; quelquefois aussi ce ne sont que de *simples ondulations de terrain*.

107. On appelle **ligne de partage des eaux** la limite qui sépare deux bassins.

TERMES RELATIFS AU CARACTÈRE AGRICOLE DE CERTAINES RÉGIONS.

108. Les **steppes** sont des plaines où la végétation se réduit à quelques herbes sauvages qui sont insuffisantes pour nourrir des populations sédentaires[1].

109. Un **désert** est une région dont le sol pierreux ou sablonneux n'est presque jamais arrosé par les pluies. Les déserts ne sont habités que par des populations nomades[2].

1. *Sédentaires*, qui ne se déplacent pas.
2. *Nomades*, qui se déplacent.

Une *oasis* est une partie du désert où l'on trouve de l'eau et de la végétation. Certaines oasis ont une assez grande étendue et sont habitées.

TERMES RELATIFS AUX FORMES DE GOUVERNEMENT ET AUX DIVISIONS ADMINISTRATIVES.

110. Un **État** est une certaine étendue de pays dont les habitants vivent sous la même autorité et ont, en général, la même origine.

111. On appelle **gouvernement** l'autorité qui régit un État.

112. Les deux principales formes de gouvernement sont : la **monarchie**, où un seul homme (roi, empereur, prince) exerce le pouvoir d'une façon plus ou moins complète ; la **république**, où la nation se gouverne elle-même.

113. Pour faciliter l'exercice du pouvoir, chacun des États du globe a partagé son territoire en un certain nombre de **divisions administratives** qui portent différents noms suivant les pays. Ainsi, par exemple, elles se nomment *départements* en France, — *provinces* en Belgique, — *gouvernements* en Russie, — *comtés* en Angleterre.

CARTES GÉOGRAPHIQUES.

114. Une **carte géographique** est un dessin qui représente toute la surface de la terre ou seulement une partie de cette surface.

Les cartes géographiques prennent divers noms, selon les détails qu'elles contiennent et le but auquel on les destine.

115. Les cartes qui ont surtout pour but l'étude des villes et des divisions administratives, sont des *cartes politiques* ; les cartes qui servent surtout pour l'étude des fleuves, des lacs, des montagnes, sont des *cartes physiques*.

Les cartes physiques peuvent s'appeler encore cartes *hydrographiques*, si elles représentent plus spécialement les fleuves et les lacs, — cartes *orographiques*, si elles représentent plus spécialement les montagnes.

116. Les cartes qui indiquent les richesses agricoles, industrielles et commerciales d'un pays sont des *cartes économiques*.

117. Les cartes qui donnent la forme des côtes et la profondeur des mers sont appelées *cartes marines* ; elles sont à l'usage des marins.

118. Les cartes qui représentent avec beaucoup de détails une contrée peu étendue sont appelées *cartes topographiques* ; elles sont surtout à l'usage des officiers de l'armée de terre.

119. On représente les montagnes sur les cartes, soit par des **hachures**, traits rapprochés qui forment des ombres, — soit par des **courbes de niveau**, lignes courbes qui indiquent une certaine élévation au-dessus du niveau de la mer.

On appelle cartes *hypsométriques* les cartes où les montagnes sont figurées par des courbes de niveau.

Dans la carte hypsométrique de France, page 7, supposons que les eaux de la mer s'élèvent successivement à 200 mètres, à 500 mètres, à 1 000 mètres : elles atteindront les *courbes* bistre clair (200 m.), bistre moyen (500 m.), bistre foncé (1 000 m.).

85. Qu'est-ce qu'une vallée ? — **86.** Quels noms donne-t-on aux passages des montagnes ? — **87.** Qu'appelle-t-on pentes ou flancs d'une montagne ? — Qu'appelle-t-on versant ? — **88.** Qu'appelle-t-on ligne de faîte ? — **89.** Qu'est-ce qu'un volcan ? — **90.** Qu'est-ce qu'un tremblement de terre ?

TERMES RELATIFS AUX EAUX. — **91.** Par quoi sont baignées les côtes des continents et des îles et leur partie intérieure ? — **92.** Qu'est-ce qu'un lac ? — **93.** Qu'est-ce que la source d'un cours d'eau ? — **94.** Qu'appelle-t-on lit d'un cours d'eau ? — **95.** Qu'est-ce qu'un affluent ? — **96.** Qu'appelle-t-on confluent d'un cours d'eau ? — **97.** Qu'appelle-t-on embouchure d'un cours d'eau ? — **98.** Qu'appelle-t-on bouches d'un cours d'eau ? — **99.** Qu'est-ce que le delta d'un fleuve ? — **100.** Qu'appelle-t-on rives d'un cours d'eau ? — **101.** Quels noms donne-t-on aux différents cours d'eau ? — **102.** Qu'est-ce qu'un fleuve ? — **103.** Qu'est-ce qu'une rivière ? — **104.** Qu'est-ce qu'un ruisseau ? — **105.** Qu'appelle-t-on bassin d'un fleuve ? — **106.** Qu'entend-on par ceinture d'un bassin ? — **107.** Qu'appelle-t-on ligne de partage des eaux ?

TERMES RELATIFS AU CARACTÈRE AGRICOLE DE CERTAINES RÉGIONS, AUX FORMES DE GOUVERNEMENT, AUX DIVISIONS ADMINISTRATIVES. — **108.** Qu'appelle-t-on steppes ? — **109.** Qu'est-ce qu'un désert ? — **110.** Qu'est-ce qu'un État ? — **111.** Comment appelle-t-on l'autorité qui régit un État ? — **112.** Quelles sont les deux principales formes de gouvernement ? — **113.** Citez quelques divisions administratives très répandues.

CARTES GÉOGRAPHIQUES. — **114.** Qu'est-ce qu'une carte géographique ? — **115.** Qu'appelle-t-on cartes politiques ? — cartes physiques ? — cartes hydrographiques ? — cartes orographiques ? — **116.** Quel nom donne-t-on aux cartes qui énumèrent les richesses agricoles, industrielles et commerciales d'un pays ? — **117.** Qu'appelle-t-on cartes marines ? — **118.** cartes topographiques ? — **119.** Comment représente-t-on les montagnes sur les cartes ? — Qu'appelle-t-on cartes hypsométriques ?

Légende des termes géographiques de la figure 7.

1. Ile.
2. Presqu'île.
3. Golfe.
4. Détroit.
5. Isthme.
6. Archipel.
7. Fleuve.
8. Delta.
9. Lac.
10. Mer.
11. Colline.
12. Volcan.
13. Montagne.
14. Chaîne de montagnes.
15. Plateau.
16. Plaine
17. Côte.
18. Cap.
19. Baie.
20. Océan.

Fig. 7. — Termes géographiques.

ÉTUDE DE LA FRANCE

INTRODUCTION

(Suivre sur la carte, page 7.)

SITUATION, BORNES.

120. La France a une situation géographique des plus favorables.

D'une part, notre pays, situé dans la zone tempérée du nord, jouit d'un *climat* très doux.

D'autre part, il est baigné par trois mers importantes : la mer du *Nord*, qui est la plus grande route commerciale de l'Europe ; l'océan *Atlantique*, qui conduit en Amérique ; la *Méditerranée*, qui est actuellement le chemin le plus court pour aller en Asie et en Océanie.

121. Les ports de *Calais* et de *Boulogne* sont situés près de l'*Angleterre*, la première puissance maritime, industrielle et commerciale du globe.

122. Par ses frontières de terre, la France touche à la *Belgique*, riche en mines de houille ; à l'*Allemagne* et à la *Suisse*, pays industriels ; à l'*Italie* et à l'*Espagne*, contrées agricoles.

123. Enfin le port de *Marseille* n'est qu'à 36 heures de l'**Algérie**, la plus belle de nos colonies.

SUPERFICIE, LONGITUDE, LATITUDE.

124. La France a une **superficie**[1] d'environ 529 000 kilomètres carrés ou 53 millions d'hectares.

125. Les **longitudes extrêmes** de la France sont : 7° de longitude occidentale (pointe Saint-Mathieu) et 5° de longitude orientale (mont Donon, dans les Vosges).

126. Les **latitudes extrêmes** de la France sont : 51° au nord (Dunkerque) et 42° au sud (Pyrénées).

LES CÔTES DE LA FRANCE

(Suivre sur la carte, p. 7.)

127. La France a des **côtes** très découpées : De la mer du **Nord** à la pointe **Saint-Mathieu**, qui termine la presqu'île de Bretagne, on rencontre successivement : le détroit du *Pas de Calais*, — le cap *Gris-Nez*, — la mer de la *Manche*, — l'embouchure de la *Somme*, — le golfe du *Calvados*, — le cap de la *Hève*, — l'embouchure de la *Seine*, — la presqu'île du *Cotentin*, terminée par le cap de la *Hague*, les îles *Normandes* (Jersey, Guernesey), qui appartiennent aux Anglais, — le golfe de *Saint-Malo*, — l'île d'*Ouessant*.

1. *Superficie*, étendue de la surface.

128. De la pointe **Saint-Mathieu** à la frontière **espagnole**, on aperçoit la petite île de *Groix*, — *Belle-Isle*, — la pointe du *Croisic*, — l'embouchure de la *Loire*, — la pointe *Saint-Gildas*, — les îles de *Noirmoutier*, d'*Yeu*, de *Ré*, d'*Oleron*, — l'embouchure de la *Charente*, — la pointe de la *Coubre*, — l'embouchure de la *Gironde*, — la pointe de *Grave*, — le bassin d'*Arcachon*, — le golfe de *Gascogne*, — l'embouchure de l'*Adour*.

129. Du cap **Cerbère** au golfe de **Gênes**, on trouve le golfe du *Lion*, bordé d'étangs (étang de Thau), — le delta du *Rhône*, — l'étang de *Berre*, — le cap *Sicié*, — les petites îles d'*Hyères* et de *Lérins*.

130. A 200 kil. des côtes de France est l'île de **Corse** qui forme un de nos départements.

RELIEF DU SOL DE LA FRANCE

VUE D'ENSEMBLE.

131. Une partie du sol de la France *a moins de 200 mètres* au-dessus du niveau de la mer ; c'est la région des **plaines**.

(Sur la carte page 7, la région des plaines est figurée en blanc).

La France. INTRODUCTION. — **120, 121, 122**. Parlez de la situation géographique de la France. — **123**. Quel est le port français situé à 36 heures de l'Algérie ? — **124**. Quelle est la superficie de la France ? — **125**. Quelles sont les longitudes extrêmes de la France ? — **126**. Quelles sont les latitudes extrêmes de la France ?

Les côtes de la France. — **127**. Quels sont les caps, golfes, îles, presqu'îles, embouchures de cours d'eau, etc., que l'on rencontre de la mer du Nord à la pointe Saint-Mathieu ? — **128**. de la pointe Saint-Mathieu à la frontière espagnole ? — **129**. du cap Cerbère au golfe de Gênes ? — **130**. A quelle distance de la France se trouve la Corse ? — Citez des îles situées près de nos côtes et qui appartiennent aux Anglais.

Relief du sol de la France. VUE D'ENSEMBLE. — **131**. Comment appelle-t-on la partie du sol de la France qui a moins de 200 mètres au-dessus du niveau de la mer ? — Comment est-elle figurée sur la carte, page 7 ?

132. Une autre partie de la France *a plus de* 200 *mètres et moins de* 500 *mètres* au-dessus du niveau de la mer: c'est la région des **plateaux peu élevés**, des **collines**.

(Sur la carte ci-contre, cette partie du relief est figurée par la teinte bistre clair).

133. Enfin toute une région de la France *a plus de* 500m au-dessus du niveau de la mer; c'est la région des **plateaux élevés** et des **montagnes**.

(Sur la carte ci-contre, cette partie du relief est figurée par les teintes bistre moyen et bistre foncé).

134. La région des *plaines*, située à l'*ouest*, occupe à peu près la moitié de la France; — la région des *hautes plaines*, des *plateaux*, des *collines* et des *montagnes*, située à l'*est* et au *sud*, couvre l'autre moitié de la France.

PLAINES.

135. Parmi les plaines de la France, il faut citer la plaine de *Flandre*, sur la frontière de Belgique; les plaines qui longent le littoral de l'océan Atlantique et dont la principale est la plaine des *Landes;* la plaine du *bas Languedoc*, qui borde le golfe du Lion, et enfin, dans la partie moyenne des cours de la Seine et de la Loire, la plaine du *bassin Parisien* et la plaine du *Centre*.

PLATEAUX PEU ÉLEVÉS, COLLINES.

136. A partir de la Sambre (affluent de la Meuse), des terres, ayant de 200 à 500 mètres d'élévation couvrent une partie de la France centrale et orientale. Ce sont: les hautes terres des *Ardennes*, les collines de l'*Argonne*, les monts *Faucilles*, le plateau de *Langres*, les collines du *Nivernais*, les hautes plaines du *Forèz* et de la *Limagne*.

137 Dans la partie des plaines, il y a aussi quelques collines disséminées: monts de *Bretagne*, — collines de *Normandie*, du *Poitou*, d'*Armagnac*.

PLATEAUX ÉLEVÉS ET MONTAGNES.

138. Les terres réellement élevées de la France sont: les **Alpes**, les **Pyrénées**, le MASSIF CENTRAL, le *Jura*, les *Vosges*, les monts du Morvan, les monts de la Côte-d'Or. — Il faut mentionner aussi les montagnes de la CORSE.

139. Alpes. — La masse énorme des **Alpes** s'étend en demi-cercle du golfe de *Gênes* (Italie) à *Vienne* (Autriche), sur une longueur d'environ 1 200 kilomètres (carte p. 33).

140. De la chaîne des Alpes, la France possède tout le versant occidental compris entre la mer Méditerranée et le lac de Genève.

141. Les Alpes françaises sont appelées *Alpes de Provence*, *Alpes du Dauphiné*, *Alpes de Savoie*, selon qu'elles couvrent l'une ou l'autre de ces anciennes provinces.

142. De puissants massifs avec des sommets très élevés se dressent dans les Alpes françaises. Tels sont: le mont **Blanc** (4 810m), le point le plus élevé des montagnes d'Europe; le massif du **Pelvoux** (4 103m); le massif de *la Vanoise* (3 616m).

143. Les Alpes ont des **vallées profondes** comme la vallée de l'*Isère*, les vallées de l'*Arc* et du *Drac* (affluents de l'Isère), la vallée de la *Durance*.

144. Ces vallées conduisent à des cols que l'on peut facilement franchir pour se rendre de France en Italie. C'est ainsi que la vallée de l'Isère conduit au col du *Petit-Saint-Bernard*, la vallée de l'Arc au col du mont *Cenis*, la vallée de la Durance au col du mont *Genèvre*.

Près du mont Cenis est creusé un tunnel (galerie souterraine) où passe le chemin de fer qui conduit de Paris à Turin (Italie). Ce tunnel, qui traverse les Alpes, a 12 kilomètres de longueur.

145. Pyrénées. — Les **Pyrénées** se dressent comme une muraille gigantesque entre la France et l'Espagne. — Les Pyrénées atteignent leur plus grande élévation vers leur partie centrale. C'est là qu'on trouve le pic de **Néthou** (3 404m), dans le massif de la Maladetta) et le mont **Perdu** (3 352m), tous deux situés en Espagne; le mont **Vignemale** (3 298m), en France.

146. Les Pyrénées *s'abaissent* graduellement du pic de Néthou à l'océan Atlantique, d'une part, et à la mer Méditerranée, d'autre part. C'est près de ces mers que l'on trouve les *cols* qui conduisent de France en Espagne, comme le col de *Belate*, à l'ouest; les cols de *la Perche* et du *Perthus*, à l'est.

147. Du centre de la chaîne des Pyrénées se détachent les monts de **Bigorre**, puissant contrefort dont certains sommets, comme le pic **Long** (3 194m) et le Pic du **Midi de Bigorre** (2 877m), sont très élevés.

Au nord des monts de Bigorre, est adossé le plateau de *Lannemezan* (de 500 à 600 mètres d'altitude).

148. Du pic de *Carlitte* (partie orientale des Pyrénées), se détache le contrefort des *Corbières*, dont les rameaux couvrent la région comprise entre l'Ariège et le golfe du Lion.

149. Massif central. — Le **Massif central**, situé au cœur de la France, est la région des terres élevées (plateaux, montagnes) qui s'étendent, du nord au sud, entre les villes de Montluçon et de Carcassonne; de l'ouest à l'est, entre la ville de Périgueux d'une part, et les villes de Mâcon, Lyon, Nîmes, d'autre part.

150. Le Massif central comprend surtout les monts d'*Auvergne* et les *Cévennes*. — Les monts d'**Auvergne** sont la partie la plus élevée du Massif central et une des régions les plus pittoresques de France, à cause des nombreux volcans éteints ou *puys* qu'on y rencontre. Les principaux sommets des monts d'Auvergne sont: le puy de **Sancy** (1 886m), dans les monts Dore, qui est le point le plus élevé de tout le Massif central, — le puy de *Dôme*, — le plomb du *Cantal*.

151. Les **Cévennes** sont comme le rebord oriental du Massif central; elles s'étendent du canal du *Midi* au canal du *Centre*, en dominant la plaine du bas Languedoc, la vallée du Rhône et celle de la Saône, jusqu'à son confluent avec le Doubs. Le sommet le plus élevé des Cévennes est le mont *Mézenc* (1 754m).

Les Cévennes reçoivent différents noms, qui sont, en allant du sud au nord: *montagne Noire*, monts de *l'Espinouse*, monts *Garrigues*, du *Vivarais*, du *Lyonnais*, du *Beaujolais*, du *Charolais*.

152. Les autres parties importantes du Massif central sont: 1° la chaîne des monts du *Forez*, qui part des Cévennes et se dirige au nord, entre les cours de l'Allier et de la Loire; — 2° les monts de *la Margeride* et d'*Aubrac*, qui servent de trait d'union entre les monts d'Auvergne et les Cévennes; — 3° les monts du *Limousin* et de la *Marche*, aux sources de la Vienne; — 4° les plateaux calcaires ou *causses*, qui s'étendent de la rive gauche de la Dordogne aux Cévennes.

153. Jura, Vosges. — Le **Jura**, situé sur la frontière de France et de Suisse, est compris entre les *Vosges* et les *Alpes;* il est séparé de cette dernière chaîne par le cours du Rhône.

Le Jura est formé de *chaînes parallèles;* son sommet principal est le *Crêt de la Neige* (1 723m).

154. Depuis la perte de l'Alsace-Lorraine (année 1871), la France ne possède plus que le versant occidental des Vosges. Le versant oriental, qui domine l'Alsace, appartient provisoirement à l'Allemagne. Parmi les sommets des Vosges, il faut citer le ballon de *Guebviller* (1 426m).

Le *col de Saverne*, que franchit le canal *de la Marne au Rhin*, est un des passages les plus importants des Vosges.

155. Morvan, Côte-d'Or. — Les monts du **Morvan** (902m au point le plus élevé) sont formés de *granit*, comme le Massif central. — Le Morvan est séparé des monts de la Côte-d'Or par la *vallée* où coule l'*Arroux* (affluent de la Loire).

156. Les monts de la **Côte-d'Or** (636m au point le plus élevé) sont séparés du plateau de Langres et des Cévennes par les *dépressions* où passent le canal de *Bourgogne* (vallées de l'Ouche et de l'Armançon) et le canal du *Centre* (vallée de la Bourbince).

157. Corse. — La **Corse** est parcourue dans toute sa longueur par une chaîne de montagnes qui peut être considérée comme une dépendance des Alpes. Sommet principal: mont Cinto (2 710m).

PASSAGES NATURELS ENTRE LES MONTAGNES.

158. Il y a entre les principales chaînes de montagnes de la France des **abaissements** du sol qui établissent des *communications naturelles* entre toutes les parties du territoire. Exemples: la *trouée de Belfort*, passage d'environ 30 kil. de large entre les Vosges et le Jura; — la vallée de la *Saône* et du *Rhône* entre le plateau de Langres, les monts de la Côte-d'Or, les Cévennes, d'une part; le Jura et les Alpes, d'autre part; — le passage de *Naurouse*, entre les Cévennes et les Corbières; — le passage du *Poitou*, entre les monts du Limousin (Massif central) et les collines du Poitou.

---

132. Comment appelle-t-on la partie du sol de la France qui a plus de 200 mètres et moins de 500 mètres? — **133.** qui a plus de 500 m. au-dessus du niveau de la mer?
134. Où se trouve en France la région des plaines? — la région des plateaux, des collines, des montagnes?
PLAINES, PLATEAUX, COLLINES, MONTAGNES. — **135.** Citez les principales plaines de France. — **136.** Quels sont les plateaux peu élevés et les principales collines de France? — **137.** Citez quelques collines disséminées dans la région des plaines. — **138.** Quelles sont les terres de la France réellement élevées?
ALPES, PYRÉNÉES. — **139.** Quelle est la longueur totale de la chaîne des Alpes? — **140.** Quelle est la partie des Alpes que la France possède? — **141.** Quels sont les différents noms donnés aux Alpes françaises? — **142.** Quels sont les principaux massifs des Alpes françaises? — **143.** Citez trois grandes vallées des Alpes françaises. — **144.** Citez trois cols importants des Alpes. — **145.** Entre quels pays sont situées les Pyrénées? — Où les Pyrénées atteignent-elles leur plus grande élévation? — Citez quelques sommets élevés des Pyrénées. — **146.** Près de quelles mers se trouvent les cols des Pyrénées qui conduisent de France en Espagne? — **147.** D'où se détachent les monts de Bigorre? — **148.** De quel pic se détache le contrefort des Corbières.
MASSIF CENTRAL. — **149.** Qu'est-ce que le Massif central? — **150.** Quelles sont les deux principales montagnes du Massif central? — Quels sont les principaux massifs des monts d'Auvergne? — **151.** Où s'étendent les Cévennes? — **152.** Quels sont, indépendemment des monts d'Auvergne et des Cévennes, les parties importantes du Massif central? — Comment appelle-t-on les plateaux calcaires du Massif central?
JURA, VOSGES, MORVAN, CÔTE D'OR, CORSE, PASSAGES NATURELS ENTRE LES MONTAGNES. — **153.** Entre quelles montagnes s'étend le Jura? — **154.** Quelle est la partie des Vosges que la France possède? — Citez un des sommets des Vosges. — Citez un passage important des Vosges. — **155.** Qu'est-ce qui sépare les monts du Morvan des monts de la Côte d'Or? — **156.** Quelles sont les dépressions qui séparent les monts de la Côte d'Or du plateau de Langres et des Cévennes? — **157.** Parlez du relief de la Corse. — **158.** Citez quelques passages naturels entre les montagnes de France.

FRANCE. — RELIEF DU SOL.

NOTA.—Tout ce qui, sur cette carte de France, est teinté en couleur bistre représente la partie élevée du sol de la France.

1° La couleur bistre clair [légende] indique la partie du sol (collines, plateaux, hautes plaines) qui a de 200 à 500 mètres au-dessus du niveau de la mer.

2° La couleur bistre moyen [légende] indique la partie du sol (plateaux, montagnes) qui a de 500 à 1000 mètres de hauteur.

3° La couleur bistre foncé [légende] indique la partie du sol (montagnes) qui a de 1000 à 3000 mètres de hauteur.

4° Le grisé noir [légende] indique la partie du sol qui a plus de 3000 mètres de hauteur.

5° Les montagnes des pays voisins de la France ont été exprimées par des hachures afin que l'Élève ait sous les yeux, en même temps, les deux procédés dont on se sert pour interpréter le relief du sol.

FRANCE. — COURS D'EAU

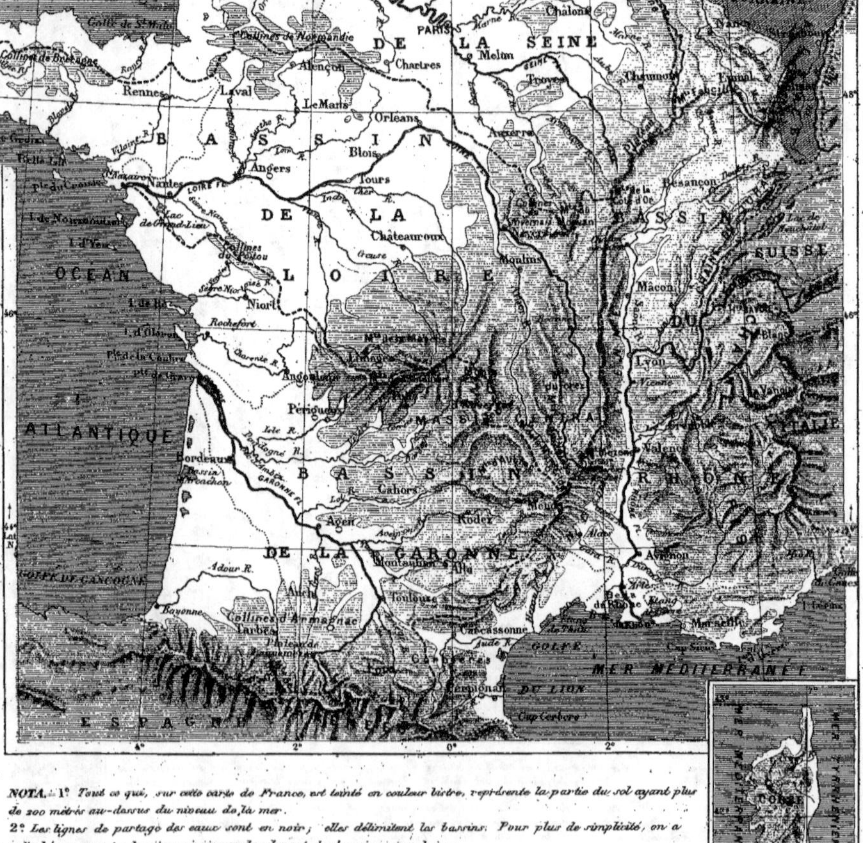

NOTA. – 1° *Tout ce qui, sur cette carte de France, est teinté en couleur bistre, représente la partie du sol ayant plus de 200 mètres au-dessus du niveau de la mer.*

2° *Les lignes de partage des eaux sont en noir; elles délimitent les bassins. Pour plus de simplicité, on a rattaché aux quatre bassins principaux la plupart des bassins secondaires.*

Le signe - - - - - indique la limite des bassins principaux. – Le signe .... indique la limite des bassins secondaires.

COURS D'EAU ET LACS DE LA FRANCE

(Suivre sur la carte ci-contre).

159. Les quatre grands fleuves qui arrosent la France sont : la **Seine**, la **Loire**, la **Garonne**, le **Rhône**. — Les terres parcourues par ces fleuves et par leurs affluents forment quatre **bassins principaux**.

160. La France est encore arrosée par d'autres cours d'eau moins importants qui forment un certain nombre de *bassins secondaires*.

Elle a aussi quelques petits lacs.

161. En examinant la carte ci-contre, on voit que tous les cours d'eau de la France se déversent soit dans l'**Atlantique** et les mers qui en dépendent (mer du Nord, Manche), soit dans la **Méditerranée**; ils appartiennent donc à deux **bassins** ou **versants** différents.

VERSANT DE L'OCÉAN ATLANTIQUE

1° BASSIN DE LA SEINE.

162. La **Seine** (longueur : 800 kilomètres) a sa source au plateau de *Langres*, et son embouchure dans la mer de la *Manche*.

163. La **Seine** baigne les villes de *Troyes*, *Melun*, Paris, *Elbeuf*, *Rouen* et *le Havre*.

164. Les **affluents de droite** de la Seine sont : l'*Aube*, la *Marne*, l'*Oise*.

L'*Oise*, affluent de droite de la Seine, reçoit l'*Aisne*.

La Marne passe au pied de *Chaumont*, et arrose *Châlons-sur-Marne*.

165. Les **affluents de gauche** de la Seine sont : l'*Yonne*, le *Loing*, l'*Eure*.

L'*Yonne*, affl. de gauche de la Seine, reçoit l'*Armançon*.

L'Yonne passe à *Auxerre*; — l'Eure à *Chartres*.

2° BASSIN DE LA LOIRE.

166. La **Loire** (longueur : 1,000 kil.) a sa source dans la chaîne des *Cévennes* (au mont Gerbier-de-Jonc), et son embouchure dans l'océan *Atlantique*.

167. La **Loire** baigne les villes de *Roanne*, *Nevers*, *Orléans*, *Blois*, *Tours*, les ports de *Nantes* et *Saint-Nazaire*.

168. Les **affluents de droite** de la Loire sont : la *Nièvre*, la *Maine*.

La *Maine* est formée par la réunion de la *Mayenne* et de la *Sarthe*; cette dernière rivière est elle-même grossie du *Loir*.

La Nièvre passe à *Nevers*; — la Maine à *Angers*; — la Mayenne à *Laval*; — la Sarthe à *Alençon*, au *Mans*.

169. Les **affluents de gauche** de la Loire sont : l'*Allier*, le *Cher*, l'*Indre*, la *Vienne*, la *Sèvre nantaise*.

La *Vienne*, affl. de gauche de la Loire, reçoit la *Creuse*.

L'Allier descend du Massif central; il coule parallèlement à la Loire jusqu'à son confluent avec ce fleuve, dont il est le principal tributaire.

L'Allier passe à *Moulins*; — l'Indre à *Châteauroux*; — la Vienne à *Limoges*. — La Sèvre nantaise aboutit à *Nantes*.

3° BASSIN DE LA GARONNE

170. La **Garonne** (longueur : 600 kilomètres) a sa source dans les *Pyrénées* espagnoles et son embouchure dans l'océan *Atlantique*.

171. La Garonne prend le nom de **Gironde** depuis l'endroit où elle reçoit la Dordogne jusqu'à l'endroit où elle se jette dans l'océan Atlantique.

On donne le nom de *bec d'Ambez* à la langue de terre qui se trouve au confluent de la Garonne et de la Dordogne.

172. La **Garonne** baigne les villes de *Toulouse*, *Agen* et le grand port de *Bordeaux*.

173. Les **affluents de droite** de la Garonne sont : l'*Ariège*, le *Tarn*, le *Lot*, la *Dordogne*.

Le *Tarn* reçoit l'*Aveyron*. — La *Dordogne* reçoit l'*Isle* et la *Vézère*, grossie elle-même de la *Corrèze*.

L'Ariège passe à *Foix*; — le Tarn à *Albi*, à *Montauban*; — l'Aveyron à *Rodez*; — le Lot à *Mende*, à *Cahors*; — la Corrèze à *Tulle*; — l'Isle à *Périgueux*.

174. Les **affluents de gauche** de la Garonne sont des torrents; le principal est le *Gers*, qui passe à *Auch*.

4° BASSINS SECONDAIRES DU VERSANT DE L'ATLANTIQUE.

175. Les fleuves de la **Meuse**, de l'**Escaut**, les rivières de la *Somme*, de l'*Orne*, de la *Vire*, de la *Rance*, de l'*Aulne*, du *Blavet*, de la *Vilaine*, de la *Sèvre niortaise*, de la *Charente*, de l'*Adour* forment les bassins secondaires du versant de l'Atlantique.

176. La **Meuse**, grossie de la *Sambre*, se jette dans la mer du Nord (carte, p. 33) après avoir traversé la Belgique et la Hollande. — La Meuse arrose *Mézières*.

177. L'**Escaut**, grossi de la *Scarpe*, se jette dans la mer du Nord après avoir traversé la Belgique et la Hollande. — L'Escaut passe à *Cambrai*, à *Valenciennes*; — la Scarpe, à *Arras*.

178. La Somme arrose *Saint-Quentin*, *Amiens*.

L'Orne passe à *Caen*; — la Vire à *Saint-Lô*; — la Vilaine à *Rennes*; — la Sèvre niortaise à *Niort*; — la Charente, à *Angoulême*, à *Rochefort*; — l'Adour, à *Tarbes*, à *Bayonne*.

La *Sèvre niortaise* a pour affl. de dr. la *Vendée*. — L'*Adour* a pour affl. de gauche des torrents pyrénéens appelés *gaves*.

179. Enfin la France est arrosée aussi par une rivière importante : la **Moselle**, qui forme un autre bassin secondaire.

La **Moselle**, grossie de la **Meurthe**, se jette dans le **Rhin**, grand fleuve qui coule en Suisse, en Allemagne et en Hollande (carte, p. 33.)

La Moselle passe à *Épinal*; — la Meurthe à *Nancy*.

VERSANT DE LA MER MÉDITERRANÉE

1° BASSIN DU RHÔNE.

180. Le **Rhône** (longueur : 800 kil. dont 500 en France), a sa source au mont *Saint-Gothard*, un des principaux massifs des Alpes de Suisse (carte, p. 33); et son embouchure dans la *Méditerranée*.

181. Avant de se jeter dans la Méditerranée, le Rhône se divise à *Arles* en plusieurs branches appelées *bouches* du Rhône; l'espace de terrain compris entre ces bouches est le *delta* du Rhône.

182. Le **Rhône** baigne les villes de *Lyon*, *Vienne*, *Valence*, *Avignon*, *Arles*.

183. Les **affluents de droite** du Rhône sont : l'*Ain*, la SAÔNE, l'*Ardèche*, le *Gard*.

La *Saône*, affl. de dr. du Rhône, reçoit le *Doubs*.

La SAÔNE, qui est le principal tributaire du Rhône, baigne *Chalon-sur-Saône*, *Mâcon*, et aboutit à *Lyon*.

Le Doubs passe à *Besançon*; — le Gard à *Alais*.

184. Les **affluents de gauche** du Rhône sont de véritables torrents; les principaux sont : l'*Isère*, la *Drôme*, la *Durance*. — L'Isère passe à *Grenoble*.

2° BASSINS SECONDAIRES DU VERSANT DE LA MÉDITERRANÉE.

185. La *Têt*, l'*Aude*, l'*Hérault*, le *Var*, forment les bassins secondaires du versant de la Méditerranée. — La Têt passe à *Perpignan*; l'Aude, à *Carcassonne*.

CEINTURE DES BASSINS

186. Le bassin de la **Seine** est séparé du bassin de la Meuse par l'*Argonne*; du bassin du Rhône par le *plateau de Langres* et les monts de la *Côte-d'Or*; du bassin de la Loire par les monts du *Morvan* et quelques *ondulations de terrain*.

187. Le bassin de la **Loire** est séparé du bassin de la Garonne par le *Massif central*; du bassin du Rhône par les *Cévennes*.

188. La **ceinture** du bassin de la **Garonne** comprend : au nord et à l'est, le *Massif central* et les *Corbières*; au sud, les *Pyrénées*.

189. La **ceinture** du bassin du **Rhône** comprend : au nord, les *Vosges*, les *Faucilles*; à l'ouest, le plateau de *Langres*, les monts de la *Côte-d'Or*, les *Cévennes*; à l'est, le *Jura* et les *Alpes*.

190. Si l'on trace une **ligne de partage des eaux** entre les versants de l'océan Atlantique et de la mer Méditerranée, cette ligne passera par les *Alpes*, le *Jura*, les *Vosges*, les *Faucilles*, le plateau de *Langres*, les monts de la *Côte-d'Or*, les *Cévennes*, les *Corbières*, les *Pyrénées*.

LACS

191. Il n'y a en France (carte, p. 11 et 12) que de tout petits *lacs* : tels sont ceux du *Bourget* (Savoie), d'*Annecy* (Hte-Savoie), de *Grand-Lieu* (Loire-Inférieure).

Le lac de *Genève* baigne la partie septentrionale du département de la Haute-Savoie.

Cours d'eau et lacs de la France. VERSANT DE L'ATLANTIQUE. — **159**. Quels sont les quatre grands fleuves qui arrosent la France? — **160**. Que forment les autres cours d'eau de la France? — **161**. Quels sont les deux versants auxquels appartiennent tous les cours d'eau de la France? — **162**. Où la Seine a-t-elle sa source et son embouchure? — **163**. Quelles sont les villes arrosées par la Seine? — **164**. Quels sont les affluents et sous-affluents de droite de la Seine et les villes qu'ils arrosent? — **165**. Quels sont les affluents et sous-affluents de gauche de la Seine et les villes qu'ils arrosent?

166. Où la Loire a-t-elle sa source et son embouchure? — **167**. Quelles sont les villes arrosées par la Loire? — **168**. Quels sont les affluents et sous-affluents de droite de la Loire et les villes qu'ils arrosent? — **169**. Quels sont les affluents de gauche de la Loire et les villes qu'ils arrosent? — **170**. Où la Garonne a-t-elle sa source et son embouchure? — **171**. Quel nom la Garonne prend-elle à partir de son confluent avec la Dordogne? — **172**. Quelles sont les villes arrosées par la Garonne? — **173**. Quels sont les affluents et sous-affluents de droite de la Garonne et les villes qu'ils arrosent? — **174**. Quel est le principal affluent de gauche de la Dordogne et quelle ville arrose-t-il?

175. Quels sont les bassins secondaires du versant de l'Atlantique? — **176**. Où la Meuse a-t-elle son embouchure et quelle ville arrose-t-elle? — **177**. Où l'Escaut a-t-il son embouchure? — Quelles sont les villes arrosées par l'Escaut et la Scarpe? — **178**. Quelles sont les villes arrosées par les cours d'eau secondaires du versant de l'Atlantique? — **179**. De quel grand fleuve la Moselle est-elle un affluent? — Citez un affluent de la Moselle. — Quelles sont les villes arrosées par la Moselle et la Meurthe?

VERSANT DE LA MER MÉDITERRANÉE. — **180**. Où le Rhône a-t-il sa source et son embouchure? — **181**. Parlez des bouches du Rhône. — **182**. Quelles sont les villes arrosées par le Rhône? — **183**. Quels sont les affluents et sous-affluents de droite du Rhône et les villes qu'ils arrosent? — **184**. Quels sont les affluents de gauche du Rhône? — **185**. Quels sont les bassins secondaires du versant de la Méditerranée? — Quelles sont les villes arrosées par la Têt et l'Aude? — Quelle est la longueur de la Seine, de la Loire, de la Garonne, du Rhône?

CEINTURE DES BASSINS. — **186**. Nommez les hauteurs qui entourent le bassin de la Seine. — **187**. le bassin de la Loire. — **188**. le bassin de la Garonne. — **189**. le bassin du Rhône. — **190**. Par où passe la ligne de partage des eaux de la France? — **191**. Quels sont les lacs de la France?

NOTA. Les sous-préfectures sont énumérées d'après leur ORIENTATION, en allant du nord au sud; cet ordre permet à l'élève d'indiquer facilement la position des villes sur le tableau noir.

FRANCE POLITIQUE

ANCIENNES PROVINCES

192. Avant l'an 1790, la France était divisée en **33 provinces**, savoir : six provinces au nord, six à l'ouest, six à l'est, huit au centre, sept au sud.

193. Les **six provinces** au *nord* étaient : la Flandre cap. Lille; — l'Artois, cap. Arras; — la Picardie, cap. Amiens; — la Normandie, cap. Rouen; — l'Ile de France, cap. Soissons; — la Champagne, cap. Troyes.

194. Les **six provinces** à l'*ouest* étaient : la Bretagne, cap. Rennes; — le Maine, cap. le Mans; — l'Anjou, cap. Angers; — le Poitou, cap. Poitiers; — l'Angoumois, cap. Angoulême; — l'Aunis et la Saintonge, cap. la Rochelle et Saintes.

195. Les **six provinces** à l'*est* étaient : la Lorraine, cap. Nancy; — l'Alsace, cap. Strasbourg; — la Bourgogne, cap. Dijon; — la Franche-Comté, cap. Besançon; — le Lyonnais, cap. Lyon; — le Dauphiné, cap. Grenoble.

196. Les **huit provinces** au *centre* étaient : l'Orléanais, cap. Orléans; — la Touraine, cap. Tours; — le Berry, cap. Bourges; — le Nivernais, cap. Nevers; — le Bourbonnais, cap. Moulins; — la Marche, cap. Guéret; — le Limousin, cap. Limoges; — l'Auvergne, cap. Clermont-Ferrand.

197. Les **sept provinces** au *sud* étaient : la Guyenne et la Gascogne, cap. Bordeaux; — le Languedoc, cap. Toulouse; — la Provence, cap. Aix; — le Béarn, cap. Pau; — le comté de Foix, cap. Foix; — le Roussillon, cap. Perpignan; — la Corse, cap. Bastia.

198. Trois provinces ont été acquises par la France depuis 1790, ce sont : le comtat Venaissin, — la Savoie, — le comté de Nice.

199. Les 33 provinces qui existaient avant 1790 et les 3 provinces acquises depuis ont formé les **86 départements actuels.**

200. Chaque département comprend un certain nombre de **communes, de cantons, d'arrondissements.**

201. Une **commune** est une certaine étendue de territoire dont les habitants ont des intérêts communs.

Il y a environ 36 000 communes en France. Chaque commune comprend soit une ville, soit un village auquel se rattachent souvent un ou plusieurs hameaux épars au milieu des champs. Il résulte de cela qu'il y a des communes très populeuses (les grandes villes), et d'autres qui comptent à peine 200 habitants (certains villages).

202. Un **canton** est la réunion de plusieurs communes.

Il y a environ 2 860 cantons en France; chaque canton comprend 12 communes, en moyenne.

203. Un **arrondissement** est la réunion de plusieurs cantons.

Un département comprend plusieurs arrondissements ayant chacun une ville pour chef-lieu. — Un des chefs-lieux d'arrondissement (celui où réside le préfet) porte le nom de *chef-lieu du département*; les autres chefs-lieux d'arrondissement (ceux où résident les sous-préfets) portent le nom de *sous-préfectures*. — Il y a 362 arrondissements en France; chaque arrondissement comprend 8 cantons en moyenne.

DÉPARTEMENTS ACTUELS

204. La province de FLANDRE a formé 1 département :

Le **Nord,** ch.-l. **Lille**; — 6 sous-préfectures : *Dunkerque, Hazebrouck, Douai, Valenciennes, Cambrai, Avesnes.*

AUTRES VILLES IMPORTANTES : Tourcoing, Roubaix, Armentières.

205. La province d'ARTOIS a formé 1 département :

Le **Pas-de-Calais,** ch.-l. **Arras**; — 5 sous-préf. : *Saint-Omer, Boulogne, Béthune, Montreuil, Saint-Pol.*

AUTRE VILLE IMPORTANTE : Calais.

206. La province de PICARDIE a formé 1 département :

La **Somme,** ch.-l. **Amiens**; — 4 sous-préf. : *Doullens, Abbeville, Péronne, Montdidier.*

207. La province de NORMANDIE a formé 5 départements :

La **Seine-Inférieure,** ch.-l. **Rouen**; — 4 sous-préf. : *Dieppe, Neufchâtel, Yvetot, le Havre.*

AUTRE VILLE IMPORTANTE : Elbeuf.

L'**Eure**, ch.-l. **Évreux**; — 4 sous-préf. : *Pont-Audemer, les Andelys, Louviers, Bernay.*

Le **Calvados,** ch.-l. **Caen**; — 5 sous-préf. : *Pont-l'Évêque, Bayeux, Lisieux, Falaise, Vire.*

La **Manche,** ch.-l. **Saint-Lô**; — 5 sous-préf. : *Cherbourg, Valognes, Coutances, Avranches, Mortain.*

L'**Orne,** ch.-l. **Alençon**; — 3 sous-préf. : *Argentan, Domfront, Mortagne.*

208. La province de l'ILE DE FRANCE a formé 5 dép. :

L'**Oise,** ch.-l. **Beauvais**; — 3 sous-préf. : *Compiègne, Clermont, Senlis.*

L'**Aisne,** ch.-l. **Laon**; — 4 sous-préf. : *Saint-Quentin, Vervins, Soissons, Château-Thierry.*

Seine-et-Oise, ch.-l. **Versailles**; — 5 sous-préf. : *Pontoise, Mantes, Rambouillet, Corbeil, Étampes.*

La **Seine,** ch.-l. **Paris**; — *Saint-Denis* et *Sceaux*, chefs-lieux d'arrondissements[1]. (Voir le carton au bas de la carte.)

AUTRES VILLES IMPORTANTES : Boulogne-sur-Seine, Neuilly, Clichy, Vincennes.

Seine-et-Marne, ch.-l. **Melun**; — 4 sous-préf. : *Meaux, Coulommiers, Provins, Fontainebleau.*

209. La province de CHAMPAGNE a formé 4 départements :

Les **Ardennes,** ch.-l. **Mézières**; — 4 sous-préf. : *Rocroi, Sedan, Rethel, Vouziers.*

La **Marne,** ch.-l. **Châlons-sur-Marne**; — 4 sous-préf. : *Reims, Sainte-Menehould, Épernay, Vitry-le-François.*

L'**Aube,** ch.-l. **Troyes**; — 4 sous-préf. : *Arcis-sur-Aube, Nogent-sur-Seine, Bar-sur-Aube, Bar-sur-Seine.*

La **Haute-Marne,** ch.-l. **Chaumont**; — 2 sous-préf. : *Vassy, Langres.*

210. La province de BRETAGNE a formé 5 départements :

Le **Finistère,** ch.-l. **Quimper**; — 4 sous-préf. : *Morlaix, Brest, Châteaulin, Quimperlé.*

Les **Côtes-du-Nord,** ch.-l. **Saint-Brieuc**; — 4 sous-préf. : *Lannion, Guingamp, Dinan, Loudéac.*

L'**Ille-et-Vilaine,** ch.-l. **Rennes**; — 5 sous-préf. : *Saint-Malo, Fougères, Montfort, Vitré, Redon.*

Le **Morbihan,** ch.-l. **Vannes**; — 3 sous-préf. : *Pontivy, Ploërmel, Lorient.*

La **Loire-Inférieure,** ch.-l. **Nantes**; — 4 sous-préf. : *Châteaubriant, Ancenis, Paimbœuf, Saint-Nazaire.*

211. La province du MAINE a formé 2 départements :

La **Mayenne,** ch.-l. **Laval**; — 2 sous-préf. : *Mayenne, Château-Gontier.*

La **Sarthe,** ch.-l. **le Mans**; — 3 sous-préf. : *Mamers, Saint-Calais, la Flèche.*

212. La province de LORRAINE[2] a formé 4 départements; il ne nous reste plus que trois de ces départements depuis la dernière guerre contre l'Allemagne (1870-1871). Ce sont :

La **Meuse,** ch.-l. **Bar-le-Duc**; — 3 sous-préf. : *Montmédy, Verdun, Commercy.*

La **Meurthe-et-Moselle,** ch.-l. **Nancy**; — 3 sous-préf. : *Briey, Toul, Lunéville.*

Les **Vosges,** ch.-l. **Épinal**; — 4 sous-préf. : *Neufchâteau Mirecourt, Saint-Dié, Remiremont.*

213. La province d'ALSACE[2] formait deux départements dont il ne nous reste plus qu'une petite partie depuis la dernière guerre contre l'Allemagne. La partie de l'Alsace que nous avons conservée porte le nom de **Territoire de Belfort,** ch.-l. **Belfort.**

214. La province de l'ORLÉANAIS a formé 3 départements :

L'**Eure-et-Loir,** ch.-l. **Chartres**; — 3 sous-préf. : *Dreux, Nogent-le-Rotrou, Châteaudun.*

1. Saint-Denis et Sceaux n'ont pas de sous-préfets. Ces chefs-lieux d'arrondissements sont administrés directement par le préfet de la Seine.

2. La Lorraine et l'Alsace seront étudiées en détail, p. 23.

Le grisé bistre indique sur cette carte la partie montagneuse.

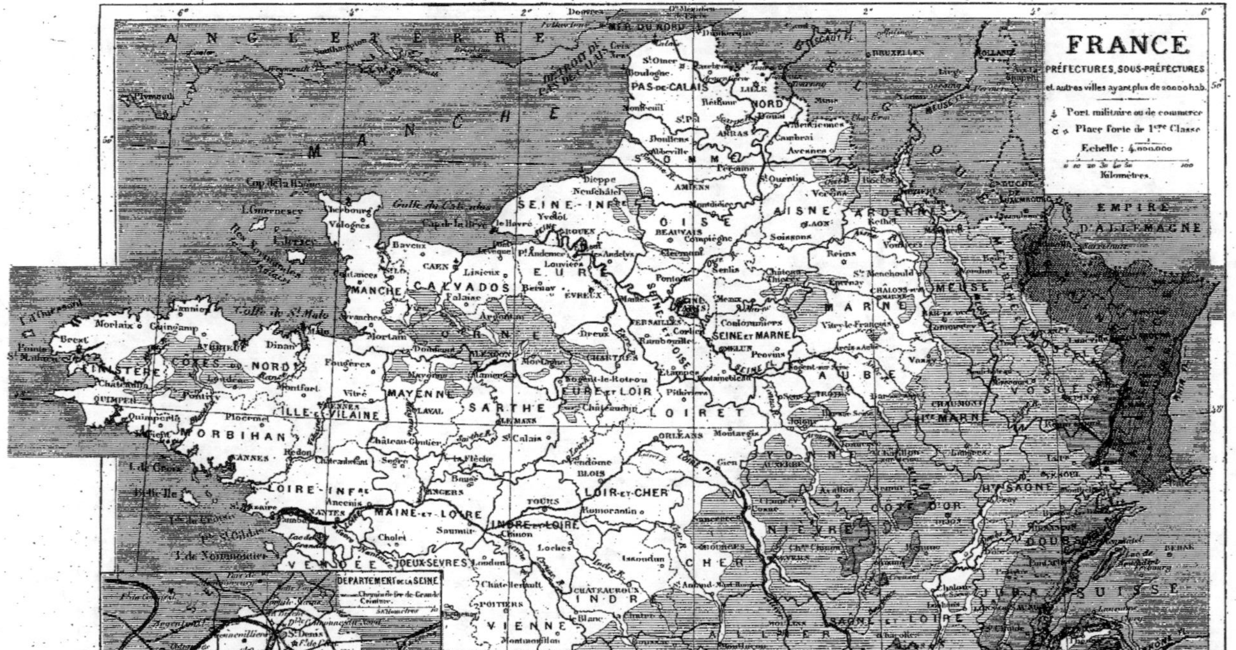

Anciennes provinces. — **192.** Avant 1790, en combien de provinces la France était-elle divisée? — **193.** Quelles étaient, avec leurs capitales, les six provinces au nord? — **194.** à l'ouest? — **195.** à l'est? — **196.** au centre? — **197.** au sud? — **198.** Quelles ont été les trois provinces acquises par la France depuis 1790? — **199.** Comment les départements actuels ont-ils été formés? — **200.** Que comprend chaque département? — **201.** Qu'est-ce qu'une commune? — **202.** un canton? — **203.** un arrondissement?

Départements actuels. — **204.** Quel est, avec son chef-lieu et ses sous-préfectures, le département formé par la Flandre? — **205.** par l'Artois? — **206.** par la Picardie? — **207.** Quels sont, avec leur chef-lieu et leurs sous-préfectures, les départements formés par la Normandie? — **208.** par l'île de France? — **209.** par la Champagne? — **210.** par la Bretagne? — **211.** par le Maine? — **212.** Quels sont, avec leur chef-lieu et leurs sous-préfectures, les départements qui nous restent de ceux formés par la Lorraine? — **213.** Que nous reste-t-il des deux départements formés par l'Alsace? — **214.** Quels sont, avec leur chef-lieu et leurs sous-préfectures, les départements formés par l'Orléanais? — **215.** par la Bourgogne? — **216.** par la Franche-Comté? — **217.** Quel est, avec son chef-lieu et ses sous-préfectures, le département formé par l'Anjou? — **218.** Quels sont, avec leur chef-lieu et leurs sous-préfectures, les départements formés par le Poitou? — **219.** Quel est, avec son chef-lieu et ses sous-préfectures le département formé par l'Angoumois? — **220.** par l'Aunis et la Saintonge? — **221.** Quels sont, avec leur chef-lieu et leurs sous-préfectures, les départements formés par le Lyonnais? — **222.** par le Dauphiné? — **223.** Quel est, avec son chef-lieu et ses sous-préfectures, le département formé par la Touraine? — **224.** Quels sont, avec leur chef-lieu et leurs sous-préfectures, les départe-

FRANCE. — PRÉFECTURES & SOUS-PRÉFECTURES

Le grisé bistre indique sur cette carte la partie montagneuse.

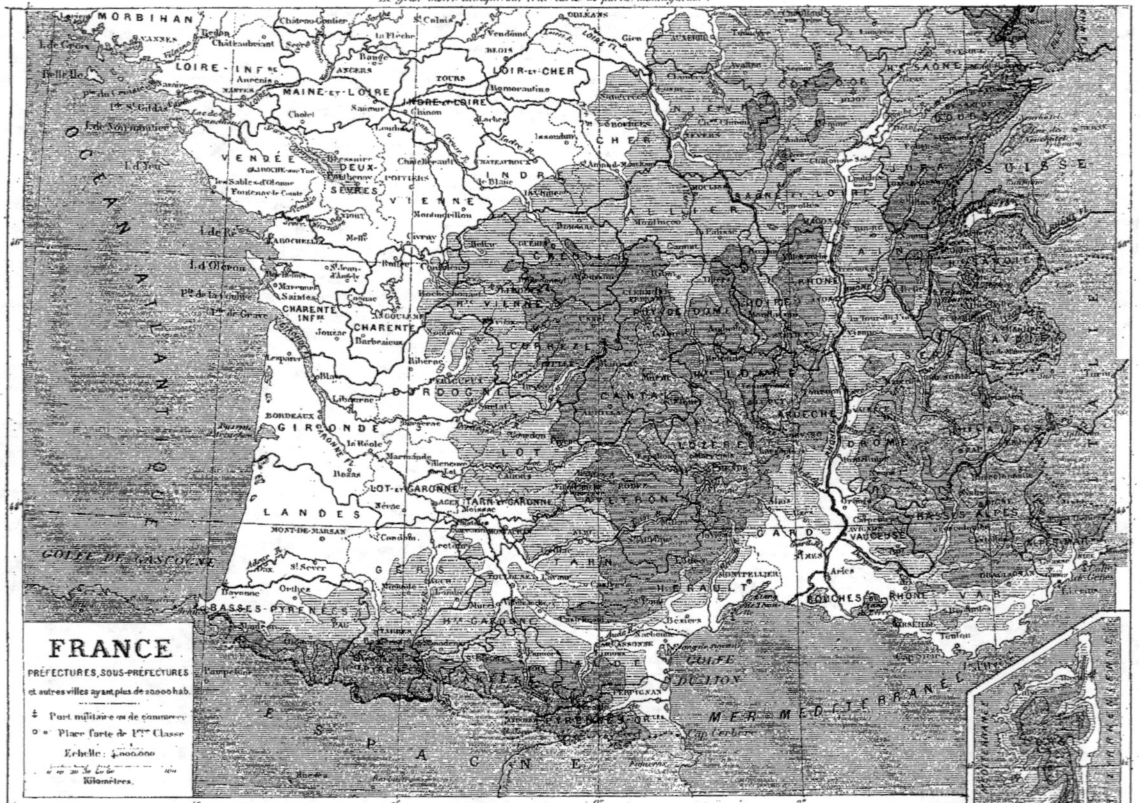

ments formés par le Berry ? — **225**. Quel est, avec son ch.-l. et ses s.-préf., le départ. formé par le Nivernais ? — **226**. par le Bourbonnais ? — **227**. par la Marche ? — **228**. Quels sont, avec leur ch.-l. et leurs s.-préf., les départem. formés par le Limousin ? — **229**. par l'Auvergne ? — **230**. par la Guyenne et la Gascogne ? — **231**. par le Languedoc ? — **232**. par la Provence ? — **233**. Quel est, avec son ch.-l. et ses s.-préf., le départem. formé par le Béarn ? — **234**. par le comté de Foix ? — **235**. par le Roussillon ? — **236**. par la Corse ? — **237**. par le comtat Venaissin ? — **238**. Quels sont, avec leur ch.-l. et leurs s.-préf., les départem. formés par la Savoie ? — **239**. Quel est, avec son ch.-l. et ses s.-préf., le départément formé par le comté de Nice ? — **240**. Où se trouvent la république du Val d'Andorre et la principauté de Monaco ? — **241**. D'où presque tous les dép. tirent-ils leur nom ?

NOTA. Les sous-préfectures sont énumérées d'après leur ORIENTATION, en allant du nord au sud; cet ordre permet à l'élève d'indiquer facilement la position des villes sur le tableau noir.

Le **Loiret**, ch.-l. **Orléans**; — 3 sous-préf.: *Pithiviers, Montargis, Gien* (voir la carte, p. 12).

Le **Loir-et-Cher**, ch.-l. **Blois**; — 2 sous-préf.: *Vendôme, Romorantin.*

215. La province de BOURGOGNE a formé 4 départements:

L'**Yonne**, ch.-l. **Auxerre**; — 4 sous-préf.: *Sens, Joigny, Tonnerre, Avallon.*

La **Côte-d'Or**, ch.-l. **Dijon**; — 3 sous-préf.: *Châtillon-sur-Seine, Semur, Beaune* (voir la carte ci-contre).

Saône-et-Loire, ch.-l. **Mâcon**; — 4 sous-préf.: *Autun, Châlon-sur-Saône, Louhans, Charolles.*

AUTRE VILLE IMPORTANTE : le Creuzot.

L'**Ain**, ch.-l. **Bourg**; — 4 sous-préf.: *Gex, Nantua, Trévoux, Belley.*

216. La province de FRANCHE-COMTÉ a formé 3 dép.:

La **Haute-Saône**, ch.-l. **Vesoul**; — 2 sous-préf.: *Lure, Gray.*

Le **Doubs**, ch.-l. **Besançon**; — 3 sous-préf.: *Montbéliard, Baume-les-Dames, Pontarlier.*

Le **Jura**, ch.-l. **Lons-le-Saunier**; — 3 sous-préf.: *Dôle, Poligny, Saint-Claude.*

217. La province d'ANJOU a formé 1 département:

Le **Maine-et-Loire**, ch.-l. **Angers**; — 4 sous-préf.: *Segré, Baugé, Saumur, Cholet.*

218. La province du POITOU a formé 3 départements:

La **Vendée**, ch.-l. **la Roche-sur-Yon**; — 2 sous-préf.: *les Sables-d'Olonne, Fontenay-le-Comte.*

Les **Deux-Sèvres**, ch.-l. **Niort**; — 3 sous-préf.: *Bressuire, Parthenay, Melle.*

La **Vienne**, ch.-l. **Poitiers**; — 4 sous-préf.: *Loudun, Châtellerault, Montmorillon, Civray.*

219. La province d'ANGOUMOIS a formé 1 département:

La **Charente**, ch.-l. **Angoulême**; — 4 sous-préf.: *Ruffec, Confolens, Cognac, Barbezieux.*

220. L'AUNIS ET LA SAINTONGE ont formé 1 département:

La **Charente-Inférieure**, ch.-l. **la Rochelle**; — 5 sous-préf.: *Saint-Jean-d'Angely, Rochefort, Marennes, Saintes, Jonzac.*

221. La province du LYONNAIS a formé 2 départements:

Le **Rhône**, ch.-l. **Lyon**; — 1 sous-préf.: *Villefranche.*

La **Loire**, ch.-l. **Saint-Étienne**; — 2 sous-préf.: *Roanne, Montbrison.*

222. La province du DAUPHINÉ a formé 3 départements:

L'**Isère**, ch.-l. **Grenoble**; — 3 sous-préf.: *la Tour-du-Pin, Vienne, Saint-Marcellin.*

La **Drôme**, ch.-l. **Valence**; — 3 sous-préf.: *Die, Montélimar, Nyons.*

Les **Hautes-Alpes**, ch.-l. **Gap**; — 2 sous-préf.: *Briançon, Embrun.*

223. La province de TOURAINE a formé 1 département:

L'**Indre-et-Loire**, ch.-l. **Tours**; — 2 sous-préf.: *Chinon, Loches.*

224. La province du BERRY a formé 2 départements:

Le **Cher**, ch.-l. **Bourges**; — 2 sous-préf.: *Sancerre, Saint-Amand-Mont-Rond.*

L'**Indre**, ch.-l. **Châteauroux**; — 3 sous-préf.: *Issoudun, le Blanc, la Châtre.*

225. La province du NIVERNAIS a formé 1 département:

La **Nièvre**, ch.-l. **Nevers**; — 3 sous-préf.: *Clamecy, Cosne, Château-Chinon.*

226. La province du BOURBONNAIS a formé 1 département:

L'**Allier**, ch.-l. **Moulins**; — 3 sous-préf.: *Montluçon, la Palisse, Gannat.*

227. La province de la MARCHE a formé 1 département:

La **Creuse**, ch.-l. **Guéret**; — 3 sous-préf.: *Boussac, Aubusson, Bourganeuf.*

228. La province du LIMOUSIN a formé 2 départements:

La **Haute-Vienne**, ch.-l. **Limoges**; — 3 sous-préf.: *Bellac, Rochechouart, Saint-Yrieix.*

La **Corrèze**, ch.-l. **Tulle**; — 2 sous-préf.: *Ussel, Brive.*

229. La province d'AUVERGNE a formé 2 départements:

Le **Puy-de-Dôme**, ch.-l. **Clermont-Ferrand**; — 4 sous-préf.: *Riom, Thiers, Ambert, Issoire.*

Le **Cantal**, ch.-l. **Aurillac**; — 3 sous-préf.: *Mauriac, Murat, Saint-Flour.*

230. Les pays de GUYENNE et de GASCOGNE, qui constituaient en 1790 une seule province, ont formé 9 départements (la Guyenne 6, la Gascogne 3):

Les six départements tirés de la GUYENNE sont:

La **Dordogne**, ch.-l. **Périgueux**; — 4 sous-préf.: *Nontron, Ribérac, Sarlat, Bergerac.*

La **Gironde**, ch.-l. **Bordeaux**; — 5 sous-préf.: *Lesparre, Blaye, Libourne, la Réole, Bazas.*

Le **Lot**, ch.-l. **Cahors**; — 2 sous-préf.: *Gourdon, Figeac.*

L'**Aveyron**, ch.-l. **Rodez**; — 4 sous-préf.: *Espalion, Villefranche-de-Rouergue, Millau, Saint-Affrique.*

Le **Lot-et-Garonne**, ch.-l. **Agen**; — 3 sous-préf.: *Marmande, Villeneuve-sur-Lot, Nérac.*

Le **Tarn-et-Garonne**, ch.-l. **Montauban**; — 2 sous-préf.: *Moissac, Castelsarrasin.*

Les trois départements tirés de la GASCOGNE sont:

Les **Landes**, ch.-l. **Mont-de-Marsan**; — 2 sous-préf.: *Saint-Sever, Dax.*

Le **Gers**, ch.-l. **Auch**; — 4 sous-préf.: *Condom, Lectoure, Mirande, Lombez.*

Les **Hautes-Pyrénées**, ch.-l. **Tarbes**; — 2 sous-préf.: *Bagnères-de-Bigorre, Argelès.*

231. La province du LANGUEDOC a formé 8 départements:

La **Haute-Loire**, ch.-l. **le Puy**; — 2 sous-préf.: *Brioude, Yssingeaux.*

L'**Ardèche**, ch.-l. **Privas**; — 2 sous-préf.: *Tournon, Largentière.*

La **Lozère**, ch.-l. **Mende**; — 2 sous-préf.: *Marvejols, Florac.*

Le **Gard**, ch.-l. **Nîmes**; — 3 sous-préfectures: *Alais, Uzès, le Vigan.*

L'**Hérault**, ch. l. **Montpellier**; — 3 sous-préf.: *Lodève, Saint-Pons, Béziers.*

AUTRE VILLE IMPORTANTE : Cette.

Le **Tarn**, ch.-l. **Albi**; — 3 sous-préf.: *Gaillac, Lavaur Castres.*

La **Haute-Garonne**, ch.-l. **Toulouse**; — 3 sous-préf.: *Muret, Villefranche-de-Lauraguais, Saint-Gaudens.*

L'**Aude**, ch.-l. **Carcassonne**; — 3 sous-préf.: *Castelnaudary, Narbonne, Limoux.*

232. La PROVENCE a formé 3 départements:

Les **Basses-Alpes**, ch.-l. **Digne**; — 4 sous-préf.: *Barcelonnette, Sisteron, Forcalquier, Castellane.*

Les **Bouches-du-Rhône**, ch.-l. **Marseille**; — 2 sous-préf.: *Arles, Aix.*

Le **Var**, ch.-l. **Draguignan**; — 2 sous-préf.: *Brignoles, Toulon.*

233. La province du BÉARN a formé 1 département:

Les **Basses-Pyrénées**, ch.-l. **Pau**; — 4 sous-préf.: *Bayonne, Orthez, Mauléon, Oloron.*

234. Le comté de FOIX a formé 1 département:

L'**Ariège**, ch.-l. **Foix**; — 2 sous-préf.: *Pamiers, Saint-Girons.*

235. La province du ROUSSILLON a formé 1 département:

Les **Pyrénées-Orientales**, ch.-l. **Perpignan**; — 2 sous-préf.: *Prades, Céret.*

236. La CORSE a formé 1 département:

La **Corse**, ch.-l. **Ajaccio**; — 4 sous-préf.: *Bastia, Calvi, Corté, Sartène.*

237. Le comtat VENAISSIN a formé 1 département:

Le **Vaucluse**, ch.-l. **Avignon**; — 3 sous-préf.: *Orange, Carpentras, Apt.*

238. La province de SAVOIE a formé 2 départements:

La **Haute-Savoie**, ch.-l. **Annecy**; — 3 sous-préf.: *Thonon, Saint-Julien, Bonneville.*

La **Savoie**, ch.-l. **Chambéry**; — 3 sous-préf.: *Albertville, Moûtiers, Saint-Jean-de-Maurienne.*

239. Le comté de NICE a formé 1 département:

Les **Alpes-Maritimes**, ch.-l. **Nice**; — 2 sous-préf.: *Puget-Théniers, Grasse.*

AUTRE VILLE IMPORTANTE : Cannes.

240. Indépendamment des **86 départements** et du **territoire de Belfort**, qui forment la région française, il y a au sud du département de l'Ariège un petit État: la république du *Val d'Andorre* (10 000 habitants), qui reconnaît la suzeraineté de la France. — Par contre, il y a dans le département des Alpes-Maritimes une parcelle de terrain: la *Principauté de Monaco*, qui est indépendante.

241. Presque tous les départements tirent leur nom soit d'une *montagne* (Jura, Vosges, Basses-Alpes, etc.), — soit d'un *cours d'eau* (Seine, Loire, Meuse, Somme, etc.).

AGRICULTURE DE LA FRANCE

(Suivre sur la carte ci-contre.)

INTRODUCTION

242. La France est une des premières nations du monde pour l'agriculture, le commerce et l'industrie.

La France doit surtout sa richesse agricole à son **climat tempéré** et à la **nature de son sol** qui permettent de cultiver avec succès une grande variété de plantes.

CLIMAT.

243. La France jouit d'un **climat tempéré** parce qu'elle est située dans la *zone tempérée boréale*, parce qu'elle reçoit des *pluies* en quantité suffisante et qu'*aucun point de son territoire* ne se trouve à une grande distance de la mer.

Le climat est plus ou moins tempéré, selon les différentes régions de la France : les départements de l'ouest qui sont situés près de la mer et du *Gulf-Stream* (voir page 3, nº 52) ont un climat *maritime* (voir page 3, nº 61); les départements de l'est où les vents secs dominent ont un climat *continental;* — les départements du littoral de la *Méditerranée* ont un climat chaud qui rappelle celui des côtes septentrionales d'Afrique.

Ces variétés de climats ont une grande importance pour l'agriculture : le *climat maritime* convient en effet tout particulièrement aux prairies; le *climat continental* est favorable à la culture du blé, et le *climat méditerranéen* à celle de l'oranger, de l'olivier, du mûrier.

NATURE DU SOL.

244. Le sol agricole de la France comprend **quatre espèces de terres** propres au labour : les terres *argileuses* (terre glaise), qui sont surtout favorables à la culture du blé; — les terres *siliceuses* (où domine le sable) et les terres *calcaires* (où domine la craie), qui conviennent à la culture de la vigne; — l'*humus*, terre formée par les débris des êtres vivants (animaux et végétaux) et qui convient à toutes les cultures.

Lorsque les terres argileuses, siliceuses, calcaires, et l'humus sont mélangés dans des proportions convenables, on obtient ce qu'on appelle la *terre franche*, qui est la meilleure de toutes les terres labourables.

SUPERFICIE AGRICOLE.

245. Un **tiers** de la superficie (53 millions d'hectares) de la France est consacré à la culture des *plantes alimentaires* (céréales, pommes de terre); — un autre **tiers** est couvert par les *forêts*, les *vergers* et les *plantes fourragères;* — un autre **tiers** est occupé par la *vigne*, par les *plantes industrielles* (betterave, lin, chanvre, etc.), par les terres *incultes* et celles qui sont laissées en repos et aussi par les cours d'eau, les routes et les canaux.

RÉGIONS AGRICOLES.

246. On divise ordinairement la France en **neuf régions agricoles**; chacune de ces régions diffère plus ou moins des autres par le *climat*, la *nature* et le *relief* du sol, les *plantes* qu'on y cultive et les *animaux* qu'on y élève.

Ces neuf régions sont : la région du nord-ouest, — de l'ouest, — du sud-ouest, — du sud ou méditerranéenne, — de l'est, — du nord-est, — des plaines du nord, — des plaines du centre, — du Massif central.

LES CULTURES DE LA FRANCE

LES GRANDES CULTURES.

247. Les cultures les plus importantes de la France sont celles des **céréales** (blé, avoine, seigle, orge, maïs, sarrasin), de la **vigne**, de la **betterave**.

248. Céréales. — La céréale la plus cultivée est le **blé**. Les régions qui en produisent le plus sont celles du nord-ouest (départements de l'Aisne, du Nord, du Pas-de-Calais) et des plaines du nord (pays de la Beauce dans Eure-et-Loir et de la Brie dans Seine-et-Marne).

249. L'*avoine* est cultivée surtout dans la région du nord-ouest (Aisne, Pas-de-Calais, Oise); le *seigle*, dans la région du Massif central (Puy-de-Dôme); l'*orge*, dans la région du nord-ouest (Manche) et de l'ouest (Mayenne); le *maïs*, dans la région du sud-ouest (Landes et Basses-Pyrénées); le *sarrasin*, dans la région de l'ouest (Ille-et-Vilaine et Côtes-du-Nord).

250. Vigne. — Dans les régions du nord-ouest, du nord-est, du Massif central, de l'ouest (partie située au nord de la Loire), la **vigne** ne réussit pas; dans tout le reste de la France, elle est cultivée avec succès.

251. Les régions du sud et du sud-ouest sont celles qui ont le plus de vignes; ce sont elles qui fournissent les vins du *Midi* (Hérault, Aude), — les vins de *Bordeaux* (Gironde), — les vins des *Charentes*, avec lesquels on fabrique des eaux-de-vie.

Les régions de l'est (vins de Bourgogne) et des plaines du nord (vins de Champagne), sont moins productives, mais leurs vins sont excellents.

252. Betterave. — Presque tout le sucre que l'on consomme en France est extrait des racines de la **betterave**. Cette plante est cultivée surtout dans la région du nord-ouest (Nord, Aisne, Pas-de-Calais, Somme).

FORÊTS, VERGERS.

253. Forêts. — Les **forêts** ont une grande utilité : elles empêchent la formation des *torrents* dans les régions montagneuses et, par suite, les inondations; elles fixent les *dunes* (comme dans le département des Landes); leurs *bois* servent à de nombreux usages (chauffage, construction des maisons, fabrication des roues, des tonneaux, etc.).

254. Les forêts sont réparties sur tout le territoire, mais on les trouve principalement dans les départements *montagneux*, ainsi que dans les plaines côtières du département des *Landes*.

255. Vergers. — Les **vergers** sont des massifs d'arbres cultivés : *oliviers, mûriers, arbres fruitiers* (pommier, poirier, prunier, cerisier, chataignier, noyer, figuier, etc.).

256. Le *mûrier*, dont les feuilles servent de nourriture aux vers à soie, et l'*olivier*, dont le fruit fournit une excellente huile à manger, ne sont réellement cultivés que dans la région du sud ou méditerranéenne.

257. Le *pommier*, le *poirier* sont cultivés partout; dans les régions où la vigne ne réussit pas (Picardie, Normandie, Bretagne), on fabrique du *cidre* avec les pommes et les poires.

PLANTES FOURRAGÈRES.

258. Les **plantes fourragères** sont celles qui donnent le fourrage nécessaire à la nourriture du bétail. Les unes, comme le *foin* ou certaines *herbes courtes*, croissent sans culture dans les *prairies naturelles* et les *pâturages;* les autres, comme le *trèfle*, la *luzerne*, le *sainfoin*, viennent dans les *prairies artificielles* et demandent les soins du cultivateur.

259. Les **prairies naturelles** se trouvent dans beaucoup de régions : est (Saône-et-Loire), sud-ouest (Dordogne), ouest, Massif central. — Les **pâturages** couvrent de vastes espaces dans la région du Massif central et en Corse. — Les **prairies artificielles** sont répandues dans la région du nord-ouest (Aisne, Oise, Seine-Inférieure), de l'ouest (Finistère), des plaines du nord (Yonne, Seine-et-Marne, Seine-et-Oise).

PLANTES INDUSTRIELLES.

260. Les **plantes industrielles** sont classées en plantes textiles, plantes tinctoriales, plantes oléagineuses, plantes à produits divers.

261. Plantes textiles. — Les plantes **textiles** sont celles dont on fait du fil, puis de la toile. Les plantes textiles de la France sont : le *lin*, cultivé surtout dans la région du nord-ouest (Nord et Pas-de-Calais) et de l'ouest (Côtes-du-Nord); le *chanvre*, qui pousse surtout dans la région des plaines du centre (Sarthe et Indre-et-Loire) et de l'ouest (Maine-et-Loire, Morbihan, Finistère).

262. Plantes tinctoriales. — Les plantes **tinctoriales** sont celles qui contiennent une matière colorante. Les principales sont : la *garance* qui donne une couleur rouge et qui est cultivée surtout dans le département de la Drôme; le *pastel*, qui sert à teindre en bleu (Gironde); le *safran*, qui fournit une couleur jaune (Loiret et Vaucluse).

263. Plantes oléagineuses. — Les plantes **oléagineuses** (colza, navette, pavot-œillette) sont celles dont les graines broyées donnent de l'huile. La principale est le *colza*, cultivé surtout dans la région du nord-ouest (Calvados).

264. Plantes à produits divers. — Les plantes à **produits divers** sont : la *betterave à sucre* (voir nº 252), le *tabac*, le *houblon*.

Agriculture de la France. CLIMAT, NATURE DU SOL, SUPERFICIE AGRICOLE, RÉGIONS AGRICOLES. — **242.** A quelles causes la France doit-elle sa richesse agricole? — **243.** Pourquoi la France jouit-elle d'un climat tempéré? — **244.** Quelles sont les espèces de terres qui forment le sol agricole de la France? — **245.** Quelle est l'étendue du sol de la France consacré à la culture des plantes alimentaires? — Par quelles cultures sont occupés les deux autres tiers de la superficie de la France? — **246.** En combien de régions agricoles divise-t-on la France? — Sur quoi sont fondées ces divisions?

LES GRANDES CULTURES. — **247.** Quelles sont les cultures les plus importantes de la France? — **248.** Quelle est la céréale la plus cultivée? — Quelles sont les régions qui produisent le plus de blé? — **249.** Où cultive-t-on surtout l'avoine, le seigle, l'orge, le maïs, le sarrasin? — **250.** Quelles sont les régions de la France où la culture de la vigne ne réussit pas? — **251.** Quelles sont les régions qui ont le plus de vignes? — **252.** Où cultive-t-on surtout la betterave?

FORÊTS ET VERGERS, PLANTES FOURRAGÈRES ET INDUSTRIELLES. — **253.** Quelle est l'utilité des forêts? — **254.** Où trouve-t-on surtout les forêts? — **255.** Qu'appelle-t-on vergers? — **256.** Où cultive-t-on le mûrier et l'olivier? — **257.** Quelle boisson fabrique-t-on avec les pommes et les poires? — **258.** Parlez des plantes fourragères. — **259.** Où trouve-t-on surtout les prairies naturelles? — les pâturages? — les prairies artificielles? — **260.** Quelles sont les différentes plantes industrielles? — **261.** Quelles sont les plantes textiles cultivées en France? — **262.** Quelles sont les plantes tinctoriales et où les cultive-t-on? — **263.** Que désigne-t-on sous le nom de plantes oléagineuses? — Où cultive-t-on surtout le colza? — **264.** Citez quelques plantes industrielles à produits divers.

Le *tabac*, dont la vente, réservée à l'État, rapporte aux finances 300 millions de francs, est cultivé surtout dans la région du sud-ouest (Dordogne, Lot-et-Garonne). Le *houblon*, qui entre dans la fabrication de la bière, est cultivé principalement dans les départements du Nord et de Meurthe-et-Moselle.

ANIMAUX DOMESTIQUES

265. Les **animaux domestiques** qu'on élève en France sont : le *gros bétail* (espèces bovine et chevaline), le *petit bétail* (espèces ovine, porcine et caprine), les *vers à soie*, les *abeilles*, les *volailles*.

266. Gros bétail. — Les représentants de l'**espèce bovine** (bœufs, vaches, veaux) sont élevés soit pour le *labour*, soit pour la *boucherie*, soit pour le *lait* qu'ils fournissent.

Les meilleures races pour le labour sont : les races de *Salers* (Cantal), — d'*Aubrac* (Aveyron), — *choletaise* (Vendée et Maine-et-Loire).

Les races qui s'engraissent le plus facilement pour la boucherie sont : les races *charolaise* (Nièvre), — *mancelle* (Mayenne), — *agenaise* (Lot-et-Garonne).

Les races de vaches laitières sont : les races *flamande* (Nord), — *normande* (Calvados), — *cotentine* (Manche).

267. C'est la région de l'ouest, riche en prairies, qui élève le plus de bœufs, vaches et veaux.

268. L'**espèce chevaline** (chevaux, juments, poulains) comprend : 1° des chevaux de trait : races *boulonaise* (Pas-de-Calais), *flamande* (Nord), *percheronne* (Eure-et-Loir); — 2° des chevaux d'attelage léger : race *normande* (Calvados); — 3° des chevaux de selle : race *limousine* (Haute-Vienne).

269. Ce sont les régions riches en prairies, comme l'ouest (Finistère, Côtes-du-Nord, Mayenne) et le nord-ouest (Manche, Seine-Inférieure, Nord), qui élèvent le plus de *chevaux*.

On trouve les *mulets* principalement dans la région du sud (Hérault, Vaucluse, Gard) et les *ânes* dans la région du sud-ouest (Dordogne, Basses-Pyrénées).

270. Petit bétail. — L'**espèce ovine** (moutons, brebis, béliers, agneaux) comprend : 1° des moutons que l'on élève pour la boucherie, comme les races *solognote* (Loir-et-Cher) et *berrichonne* (Deux-Sèvres) croisées avec les races anglaises de *Dishley* et de *Southdown*; — 2° des moutons que l'on élève pour la laine, comme les moutons *mérinos*.

271. C'est dans les régions du nord-ouest (Aisne, Marne), des plaines du nord (Eure-et-Loir) et du Massif central (Aveyron, Corrèze, Creuse) que les moutons sont le plus nombreux.

272. L'**espèce porcine** (cochons, truies, verrats) est élevée principalement dans les régions du sud-ouest (Dordogne, Lot-et-Garonne) et de l'est (Saône-et-Loire).

273. L'**espèce caprine** (chèvres, boucs, chevreaux) est nombreuse dans les régions *montagneuses* et surtout en Corse.

274. Autres animaux. — Les **vers à soie** sont des chenilles grisâtres qui filent des cocons dont on obtient la soie.

C'est dans la région du sud-ouest (où croît le mûrier) que l'on élève surtout les vers à soie (Ardèche, Drôme).

275. Les ruches d'**abeilles** sont nombreuses dans la région de l'ouest (Ille-et-Vilaine, Côtes-du-Nord), où se trouvent beaucoup de prairies. Les **volailles** (poules, oies, canards, pigeons) sont élevées partout.

PÊCHE

276. Aux produits alimentaires fournis par l'agriculture, il faut ajouter les ressources que procurent la pêche *fluviale* ou des fleuves, et la pêche *maritime*.

Les produits de la pêche sont évalués à plus de 100 millions de francs.

277. La **pêche maritime** est la plus importante; elle comprend la petite pêche ou pêche côtière et la grande pêche.

La *petite pêche* ou *pêche côtière* est la pêche des poissons (hareng, sardine, maquereau, sole, etc.), des crustacés (homard, crevette) et des mollusques (huître) qui séjournent à une certaine époque le long de nos côtes.

On désigne surtout sous le nom de *grande pêche* la pêche de la morue sur le banc de Terre-Neuve (carte p. 31) et en Islande (carte p. 30).

278. Les principaux **ports de pêche** sont : Dunkerque (Nord), — Dieppe et Fécamp (Seine-Inférieure), — Granville (Manche), — Saint-Malo et Saint-Servan (Ille-et-Vilaine).

---

264. Où cultive-t-on le tabac et le houblon? — Combien la vente du tabac rapporte-t-elle à l'État? — **265.** Quels sont les animaux domestiques que l'on élève en France? — **266.** Citez quelques races françaises de bœufs. — **267.** Dans quelles régions de la France élève-t-on le plus de bœufs et de vaches? — **268.** Citez quelques races françaises de chevaux. — **269.** Quelles sont les régions de la France où l'on élève le plus de chevaux de mulets, d'ânes? — **270.** Citez quelques-unes des races de moutons qu'on élève en France. — **271.** Où les moutons sont-ils surtout nombreux? — **272** et **273.** Dans quelles régions de la France élève-t-on le plus de porcs et de chèvres? — **274** et **275.** de vers à soie, d'abeilles, de volailles? — **276** et **277.** Parlez de la pêche maritime. — **278.** Quels sont les principaux ports de pêche?

INDUSTRIE DE LA FRANCE

(Suivre sur la carte ci-contre.)

279. L'industrie met les matières premières à la portée de l'homme et transforme celles qui ne sont pas immédiatement utilisables.

280. On divise les industries en industries *extractives* et en industries *manufacturières*.

INDUSTRIES EXTRACTIVES

281. Les **industries extractives** mettent à la portée de l'homme les matières premières minérales contenues dans les mines et les carrières.

Les *mines* sont des exploitations situées à une certaine profondeur dans le sol; les *carrières* sont des exploitations à ciel ouvert, c'est-à-dire qui sont situées presque à la surface du sol.

282. Les principaux produits des mines de la France sont: la *houille*, le *fer*. — Les principaux produits des carrières sont les *matériaux de construction* (pierres de taille, bitume, ardoises, marbre).

A ces différents produits minéraux on peut ajouter le sel gemme, tiré des mines de sel, les eaux minérales employées en médecine et qui sortent des profondeurs de la terre.

283. Houille. — La houille ou charbon de terre est surnommée « le pain de l'industrie » à cause de sa très grande utilité. L'extraction de la houille s'élève en France à 17 millions de tonnes[1] chaque année.

284. Les principaux **bassins houillers** sont ceux de: *Valenciennes* (Nord et Pas-de-Calais), qui est le plus important de France; de la *Loire* (Loire et Rhône); d'*Alais* (Ardèche et Gard); de *Commentry* (Allier); du *Creusot* et de *Blanzy* (Saône-et-Loire); d'*Aubin* (Aveyron).

La plus riche mine de houille est celle d'**Anzin**, dans le bassin de Valenciennes.

285. Fer. — Les mines de fer sont nombreuses, mais ne sont pas toutes exploitées. Ce sont les départements de Meurthe-et-Moselle et de Saône-et-Loire, dont les mines fournissent la plus grande quantité de minerai de fer.

286. Produits des carrières. — On trouve les *pierres de taille* aux environs de Paris, — le *bitume* ou *asphalte* à Seyssel (Ain), — les *ardoises* aux environs d'Angers, — les beaux *marbres* dans les montagnes des Pyrénées.

INDUSTRIES MANUFACTURIÈRES

287. Les **industries manufacturières** transforment la matière première; elles se subdivisent, suivant le besoin particulier auquel elles répondent, en : 1° industries alimentaires; 2° industries textiles; 3° industries du logement et de l'ameublement; 4° industries du transport; 5° industries diverses.

1. *Une tonne métrique* vaut 1 000 kilogrammes.

288. Industries alimentaires. — Les principales industries **alimentaires** ont pour objet : la transformation du blé en farine dans les établissements appelés *minoteries*; — la préparation des *conserves alimentaires* et la fabrication du *fromage*, du *sucre*.

289. Les *minoteries* les plus importantes sont situées à Corbeil (Seine-et-Oise), — Poitiers, — Moissac (Tarn-et-Garonne), — Gray (Haute-Saône), — ainsi que dans les grands ports de Marseille, du Havre, de Bordeaux.

290. La préparation des *conserves* de légumes et de poisson (sardine, hareng) est faite surtout à Nantes et dans nos autres grands ports. — Les *fromages* se fabriquent partout; ceux de Seine-et-Marne (fromage de Brie) sont très recherchés.

291. Le *sucre de betterave* est fabriqué principalement dans la région du nord-ouest (Nord et Pas-de-Calais); le *sucre de canne* arrive de nos colonies et des Etats-Unis à l'état de sucre brut, puis il est raffiné[2] à Paris et dans les ports de Marseille ou de Nantes.

292. Industries textiles. — Les industries

2. *Raffiné*, c'est-à-dire épuré, débarrassé des matières étrangères.

Industrie de la France. INDUSTRIES EXTRACTIVES. — **279.** Quel est l'objet de l'industrie? — **280.** Comment divise-t-on les industries? — **281.** Quel est l'objet des industries extractives? — Quelle différence y a-t-il entre une mine et une carrière? — **282.** Quels sont les principaux produits des mines françaises? — **283.** Quelle est en France la quantité de houille extraite chaque année? — **284.** Quels sont les principaux bassins houillers de la France? — **285.** Quels sont les départements dont les mines fournissent la plus grande quantité de minerai de fer? — **286.** Parlez des produits des carrières.

INDUSTRIES MANUFACTURIÈRES, LE CREUSOT, PARIS. — **287.** Quel est l'objet des industries manufacturières? — Comment les subdivise-t-on? — **288.** Citez les principales industries alimentaires. — **289.** Où se trouvent les minoteries les plus importantes? — **290.** Où fabrique-t-on surtout les fromages et où prépare-t-on les conserves? — **291.** Où fabrique-t-on le sucre de betterave? — Parlez du sucre de canne. — **292.** Quelles sont les matières premières employées par les industries textiles?

textiles emploient comme matières premières des produits animaux : soie, laine, — et des produits végétaux : lin, chanvre, coton [1].

293. Les principaux centres de l'**industrie de la soie** sont : pour les *étoffes* : Lyon ; — pour les *rubans :* Saint-Étienne ; — pour les tissus imitant les *soieries d'Orient*, Nîmes ; — pour les *étoffes d'ameublement*, Tours.

294. L'industrie des **tissus de laine** est très importante en France. Les principaux centres de l'industrie lainière sont: pour les *étoffes de laine*, Roubaix, Tourcoing, Cambrai, le Cateau, Fourmies (Nord), Saint-Quentin ; — pour les *velours*, Amiens ; — pour les *draps*, Sedan, Rethel, Elbeuf (Seine-Inférieure), Louviers ; — pour les *flanelles* et *mérinos*, Reims.

295. Les centres de l'industrie des **tissus de lin et de chanvre** sont: pour les *fils et toiles ordinaires*, Lille, Armentières, Halluin (Nord); — pour les *toiles fines* et *batistes*, Valenciennes, Cambrai, Douai ; — pour le *linge damassé*, Saint-Quentin ; — pour la *toile grossière*, Amiens, le Mans ; — pour les *cordages*, Angers et plusieurs grands ports.

296. Tout le **coton** employé par notre industrie vient de l'étranger et surtout des *États-Unis*. Les principaux centres de l'industrie cotonnière sont: pour les *fils de coton* fins et les *mousselines* et *percales*, Lille, Roubaix, Tourcoing, Saint-Quentin ; — pour les *velours de coton*, Amiens ; — pour les *gros fils* de coton et les cotonnades communes appelées *rouenneries*, Rouen et ses environs, Flers (Orne) ; — pour les *indiennes* (étoffes de coton peintes), le territoire de Belfort, le département des Vosges ; — pour la *bonneterie*, Troyes ; — pour les *rideaux de mousseline*, Tarare (Rhône).

297. Les **dentelles** emploient comme matières premières du fil de lin, de coton, de soie. Les principaux centres de fabrication sont : le Puy, Mirecourt (Vosges), Bayeux (Calvados), Alençon.

298. Industries du logement et de l'ameublement. — Les principales industries se rapportant au *logement* et à *l'ameublement* sont : la verrerie, la céramique, les tapis, les meubles, la coutellerie.

299. Les **glaces** sont fabriquées à Saint-Gobain et Chauny (Aisne), à Aniche (Nord), — les *cristaux* sortent des établissements de Baccarat (Meurthe-et-Moselle) et de Clichy (Seine) ; les *verres* à vitres et à bouteilles sont fabriqués surtout à Anzin et à Fresnes (Nord). — Paris est le grand marché pour la vente de la verrerie.

300. La **céramique** est l'art de fabriquer des ustensiles de grès, de faïence et de porcelaine. La fabrication des *objets en grès* se fait surtout près de Beauvais ; — celle de la *faïence*, à Choisy-le-Roi (Seine), à Montereau (Seine-et-Marne), à Creil (Oise), à Gien et à Briare (Loiret), à Nevers ; — celle de la *porcelaine*, à la manufacture nationale de Sèvres (Seine-et-Oise), à Limoges, à Paris.

301. Les beaux **tapis** sont fabriqués surtout dans les **manufactures nationales** des Gobelins (Paris) et de Beauvais. On fabrique aussi des tapis à Aubusson et à Felletin (Creuse), à Abbeville, à Amiens, à Roubaix, à Paris.

302. Les **meubles** de luxe sont fabriqués à Paris.— La **coutellerie** se fait à Thiers, à Langres, à Châtellerault, à Paris.

303. Industries du transport. — Les industries du transport comprennent la fabrication du matériel des chemins de fer (rails, locomotives, wagons), — les constructions navales (navires en bois et en fer, machines à vapeur), — la carrosserie.

Les **rails** et les **locomotives** de chemins de fer sont fabriqués à l'usine du Creusot, à Fives-Lille. Les *wagons* sont établis à Lyon, à Paris.

304. Les **navires de l'État** sont construits dans les cinq grands ports militaires de Cherbourg, de Brest, de Lorient, de Rochefort, de Toulon.— Les *navires marchands* sont construits à Marseille et à la Ciotat (Bouches-du-Rhône), à la Seyne (Var), à Saint-Nazaire et à Nantes, au Havre.

305. Les **machines à vapeur** pour la marine militaire sont construites dans les usines d'Indret, près de Nantes, de la Chaussade à Guérigny (Nièvre), du Creusot.

306. La **carrosserie** de luxe a Paris pour grand centre de fabrication.

307. Industries diverses. — Les principales de ces industries sont : la fabrication des armes, les industries chimiques, les industries intellectuelles, et enfin les industries mécaniques.

Les **armes** de guerre (sabres, fusils, revolvers) sont fabriquées surtout à Châtellerault, à Saint-Étienne ; — les *canons* à Bourges, à Fives-Lille, à Douai, à Ruelle (Charente). — Les *armes de chasse* sortent de Saint-Étienne et de Paris.

308. Les **industries chimiques** ont pour base la chimie [2]. A ces industries se rattache la fabrication du *savon* et des *bougies* qui a pour centres Marseille et Paris, — la *préparation des cuirs* qui a lieu principalement à Château-Renault (Indre-et-Loire), à Givet (Ardennes), à Millau, à Grenoble, à Paris.

309. Les **industries intellectuelles** sont celles qui fournissent les moyens matériels de satisfaire l'intelligence. Telles sont la papeterie, l'imprimerie, l'horlogerie, la fabrication des instruments de précision et de musique.

310. Les grandes *fabriques de papier* sont à Rives (Isère), à Angoulême, à Annonay (Ardèche). — Le principal centre de l'*imprimerie* est Paris et sa banlieue.

311. L'*horlogerie* a pour grands centres de production et de vente : Besançon et Paris. — Les *instruments de précision* (instruments de mathématiques, de chirurgie) et les *instruments de musique* sortent surtout des ateliers de Paris.

312. Dans toutes les industries énumérées jusqu'ici, il faut des *machines-outils* pour faciliter le travail à l'ouvrier. La fabrication de ces machines-outils appartient aux **industries mécaniques**. Les usines du Creusot, de Fives-Lille, de Saint-Étienne, de Paris et sa banlieue, sont celles qui fabriquent le plus de machines à vapeur pour le travail mécanique.

313. Le Creusot, Paris. La plus grande usine de France est l'établissement du **Creusot** (Saône-et-Loire) qui occupe 15 000 ouvriers.

314. Paris est un grand centre et marché pour toutes les industries et plus particulièrement pour la maroquinerie, la tabletterie, la brosserie, la vannerie, les petits bronzes, etc.

315. L'**industrie française** se distingue par la variété et l'excellence de ses produits. Pour la fabrication des *tissus de soie* et des *objets d'art*, la France n'a pas de rivale.

MOYENS DE COMMUNICATION ET DE TRANSPORT

316. Les moyens de communication et de transport sont l'outillage nécessaire à un grand commerce.

MOYENS DE COMMUNICATION

Les moyens de communication comprennent les postes, les télégraphes et les téléphones.

Il y a des **bureaux de poste** dans toutes les communes de quelque importance. En outre, la France fait partie de l'*Union postale universelle*, ce qui lui assure le transport rapide de ses lettres dans presque tous les États du globe.

317. Les **télégraphes** rendent d'immenses services au commerce, car ils font connaître au jour le jour le prix des marchandises sur tous les marchés. La France possède un réseau télégraphique intérieur très complet ; elle peut aussi communiquer avec le monde entier par des lignes terrestres ou sous-marines qui lui appartiennent ou qu'elle emprunte à l'Angleterre.

318. Les **téléphones** transmettent les sons à distance ; ils sont établis surtout dans l'intérieur des grandes villes.

MOYENS DE TRANSPORT

319. Les moyens de transport sont : les routes, les chemins de fer, les cours d'eau navigables, les canaux, la marine marchande.

320. Les **routes**, très nombreuses en France, établissent des communications entre les plus petites localités.

On divise les routes en trois grandes catégories : les routes nationales, les routes départementales, les chemins vicinaux.

1. Pour fabriquer les étoffes ou tissus, il faut filer et tisser les matières textiles. *Filer*, c'est réunir ensemble les fibres du coton, du lin, etc., afin d'en faire des fils ; *tisser*, c'est réunir plusieurs fils et les entrecroiser pour en former un tissu.

2. *Chimie*, science qui a pour objet la connaissance de l'action réciproque de tous les corps de la nature les uns sur les autres.

293. Quels sont les principaux centres de fabrication des tissus de soie? — **294.** Quels sont les principaux centres de l'industrie lainière? — **295.** des tissus de lin et de chanvre? — **296.** D'où vient presque tout le coton employé par notre industrie? — Quels sont les principaux centres de l'industrie cotonnière? — **297.** Où fabrique-t-on les dentelles? — **298.** Quelles sont les principales industries se rapportant au logement et à l'ameublement? — **299.** Parlez de l'industrie de la verrerie. — **300.** Où se trouvent les principales fabriques de faïence, de porcelaine? — **301** et **302.** Où fabrique-t-on surtout les tapis et les meubles de luxe? — **303.** Où fabrique-t-on les rails et les locomotives de chemins de fer? — **304** et **305.** Où construit-on les navires de l'État, les navires marchands et les machines à vapeur pour la marine militaire? — **306.** Où fabrique-t-on surtout la carrosserie de luxe?

307. Où fabrique-t-on surtout les armes? — **308.** Quelles sont les principales industries chimiques? — **309.** Quelles sont les principales industries intellectuelles? — **310.** Où se trouvent les grandes fabriques de papier? — **311.** Quels sont les grands centres de production et de vente de l'horlogerie? — **312.** Quelles sont les grandes usines pour la fabrication des machines-outils? — **313.** Quelle est la plus grande usine de France? — **314.** Parlez de Paris comme centre industriel. — **315.** Par quoi se distingue l'industrie française?

Moyens de communication et de transport. — **316.** Que désigne-t-on sous le nom de moyens de communication? — **317.** Parlez des télégraphes. — **318.** Où sont établis surtout les téléphones? — **319.** Que désigne-t-on sous le nom de moyens de transport? — **320.** A quoi servent les routes? — En combien de catégories divise-t-on les routes?

CHEMINS DE FER

(Suivre sur la carte ci-contre.)

321. Les **chemins de fer** transportent rapidement les marchandises vers tous les centres de quelque importance. — Les chemins de fer français sont divisés en sept grands réseaux qui comprennent chacun un certain nombre de lignes.

Les **sept grands réseaux** sont ceux : du Nord, — de l'Ouest, — de l'Est, — de Paris-Lyon-Méditerranée, — d'Orléans, — du Midi, — de l'État.

322. Presque toutes les grandes lignes de chemins de fer de la France ont leur point de départ ou *tête de ligne* à Paris et *aboutissent* soit à de *grands ports*, soit à la *frontière*.

GRANDES LIGNES ABOUTISSANT AUX PORTS

323. Les grandes lignes qui aboutissent aux ports du Pas de Calais, de la Manche et de l'Atlantique sont celles de :

1° **Paris à Calais** (réseau du Nord), par Creil, Amiens, Boulogne-sur-Mer;

2° **Paris au Havre** (réseau de l'Ouest), par Rouen;

3° **Paris à Cherbourg** (réseau de l'Ouest), par Evreux et Caen;

4° **Paris à Brest** (réseau de l'Ouest), par Versailles, Chartres, le Mans, Laval, Rennes, Saint-Brieuc;

On désigne souvent la ligne de Paris à Brest par le nom de *ligne de Bretagne*.

5° **Paris à Nantes et Saint-Nazaire** (réseaux de l'Ouest et d'Orléans), par Chartres, le Mans, Angers, — avec prolongement sur Brest, par Vannes et Quimper;

On peut aussi se rendre de *Paris à Nantes* par Orléans, Blois, Tours, Angers (réseau d'Orléans).

6° **Paris à Bordeaux** (réseau d'Orléans), par Orléans, Blois, Tours, Poitiers, Angoulême;

7° **Toulouse à Bayonne** (réseau du Midi) et l'Espagne, par Tarbes et Pau.

324. Les grandes lignes qui aboutissent aux ports de la *Méditerranée* sont celles de :

1° **Paris-Lyon-Marseille** (réseau de Paris-Lyon-Méditerranée), par Melun, Dijon, Mâcon, Lyon, Valence, Avignon;

On désigne souvent cette voie ferrée par le nom de *ligne de Bourgogne*.

2° **Paris-Nevers-Cette** (réseau de Paris-Lyon-Méditerranée), par Melun, Nevers, Moulins, Clermont-Ferrand, Nîmes, Tarascon;

On désigne souvent cette voie ferrée par le nom de *ligne du Bourbonnais*.

3° **Bordeaux à Cette** (réseau du Midi), par Agen, Montauban, Toulouse, Carcassonne et Narbonne.

GRANDES LIGNES ABOUTISSANT A LA FRONTIÈRE

325. Aux deux extrémités de la ligne de Bordeaux à Cette se détachent deux embranchements qui conduisent en Espagne, ce sont :

1° L'embranchement de **Bordeaux à Bayonne**, avec prolongement sur Madrid;

2° L'embranchement de **Narbonne à Port-Vendres**, par Perpignan, avec prolongement sur Barcelone.

326. De la ligne de Paris-Lyon-Marseille partent des **embranchements** qui aboutissent aux frontières *italienne* et *suisse*. Ce sont :

1° L'embranchement de **Marseille à Nice** et l'Italie, par Toulon;

2° Les embranchements de **Mâcon et Lyon à Turin** (Italie), par Ambérieu et Culoz (Ain), Chambéry, le tunnel du Mont-Cenis;

Le tunnel du *Mont-Cenis* (12 kil. de long) est une galerie souterraine creusée dans les Alpes, au col de *Fréjus*. L'entrée du tunnel du côté de la France est à *Modane*.

3° Les embranchements de **Mâcon et Lyon à Genève** (Suisse), par Ambérieu, Culoz et Bellegarde (Ain);

4° L'embranchement de **Dijon à Neuchâtel** (Suisse), par Pontarlier.

327. Les grandes lignes de chemins de fer qui aboutissent à la frontière d'*Alsace-Lorraine* sont celle de :

1° **Paris à Avricourt** (réseau de l'Est), par Châlons-sur-Marne, Bar-le-Duc et Nancy;

2° **Paris à Belfort** (réseau de l'Est), par Troyes, Chaumont, Vesoul.

Ces deux lignes conduisent à Strasbourg et à Mulhouse (Alsace), puis de là en Allemagne.

328. Les grandes lignes de chemins de fer qui aboutissent à la frontière *belge* ou tout près de cette frontière, sont celles de :

1° **Paris à Lille** (réseau du Nord), par Creil, Amiens, Arras, Douai;

2° **Paris à Maubeuge** (réseau du Nord), par Creil, Saint-Quentin.

AUTRES VOIES FERRÉES

329. Indépendamment des lignes qui aboutissent aux ports et aux frontières terrestres, il y a encore de nombreuses voies ferrées à l'*intérieur* du territoire français. Telles sont :

1° La ligne de **Paris à Toulouse** (réseau d'Orléans), par Orléans, Châteauroux, Limoges;

2° **La ligne de Nantes à Bordeaux** (réseau de l'Etat), par la Roche-sur-Yon et la Rochelle;

3° Les lignes qui *relient* les *différents réseaux* entre eux ;

On peut citer parmi ces lignes celles qui entourent Paris, et doivent servir à le protéger en cas de guerre; l'une d'elles relie six réseaux différents et passe par *Laon, Tergnier, Amiens* (réseau du Nord), *Rouen, Chartres* (rés. de l'Ouest), *Orléans* (rés. de l'Etat et d'Orléans), *Sens* (rés. de Paris-Lyon-Méditerranée), *Troyes, Châlons-sur-Marne, Reims* (rés. de l'Est).

4° Les embranchements qui *relient* les différentes lignes d'un *même réseau*.

On peut citer parmi ces embranchements ceux qui relient la ligne du *Bourbonnais* à celle de *Bourgogne*; tels sont les embranchements : 1° de *Nevers* à *Chagny* (Saône-et-Loire); — 2° de *Saint-Germain-des-Fossés* (Allier) à *Lyon*; — 3° de *Langeac* (Haute-Loire) à *Lyon* par *le Puy* et *Saint-Etienne*; — 4° de *Nîmes* à *Tarascon* (Bouches-du-Rhône).

330. La longueur des chemins de fer déjà construits ou qui le seront d'ici peu, est d'environ **40 000 kilomètres.**

331. Les lignes qui transportent le plus de marchandises sont : les lignes de *Paris-Lyon-Marseille, Paris à Maubeuge, Paris au Havre, Paris à Lille.*

CANAUX

332. On appelle **canal** une rivière artificielle, c'est-à-dire qui a été creusée par l'homme.

333. Il y a deux espèces de **canaux navigables** : les canaux latéraux et les canaux de jonction.

334. Les canaux **latéraux** sont destinés à améliorer la navigation des fleuves ou des rivières en se substituant à eux dans la partie peu navigable de leur cours.

335. Les canaux latéraux qui transportent le plus de marchandises sont : le canal *latéral à l'Oise*; — le canal *latéral à la Marne*; — le canal *latéral à l'Aisne*; — le canal *latéral à la Loire*; — le canal *latéral à la Garonne* (entre Castets et Toulouse).

336. Les canaux **de jonction** unissent deux cours d'eau appartenant à deux bassins différents ou à un même bassin.— Les principaux canaux de jonction se rattachent soit à la *Seine*, soit au **Rhône**.

337. La **Seine** est reliée :

A l'*Escaut*, par le canal de *Saint-Quentin*;

A la *Meuse*, par le canal des *Ardennes* et par le canal de la *Sambre à l'Oise*;

Au *Rhin*, par le canal de la *Marne au Rhin*;

A la *Loire*, par le canal du *Loing*, continué par ceux de *Briare* et d'*Orléans*;

Au *Rhône*, par le canal de *Bourgogne*.

Le canal des *Ardennes* unit l'Aisne (sous-affluent de la Seine) à la Meuse.— Le canal de la *Sambre à l'Oise* unit l'Oise (affl. de la Seine) à la Sambre (affl. de la Meuse). — Le canal de la *Marne au Rhin* unit la Marne (affl. de la Seine) au Rhin.— Le canal de *Bourgogne* unit l'Yonne (affl. de la Seine) à la Saône (affl. du Rhône).

338. Le **Rhône** est relié :

A la *Meuse*, par le canal de *l'Est*;

Au *Rhin*, par le canal du *Rhône au Rhin*;

A la *Seine*, par le canal de *Bourgogne*;

A la *Loire*, par le canal du *Centre*;

A la *Garonne*, par une suite de canaux : canal de *Beaucaire*, canal des *Étangs*, canal du *Midi*.

Le canal de l'*Est* unit la Saône (affluent du Rhône) à la Meuse. — Le canal du *Rhône au Rhin* unit le Doubs (sous-affluent du Rhône) au Rhin.— Le canal du *Centre* unit la Saône (affluent du Rhône) à la Loire.

339. A ces canaux de jonction, il faut ajouter le canal de *Nantes à Brest* qui traverse la Bretagne; — le canal du *Berry*, qui abrège la navigation entre la haute et la basse Loire; — le canal de l'*Ourcq* (continué par le canal Saint-Martin et le canal Saint-Denis) qui relie l'Ourcq (sous-affluent de la Seine) à la Seine (voir carte, p. 11).

340. Les canaux sont **très utiles** au commerce, parce qu'ils transportent les marchandises à *bas prix*.

341. Les canaux de jonction qui transportent le plus de marchandises sont : le groupe de canaux des départements du **Nord**, du **Pas-de-Calais**, de l'**Aisne**; — le groupe parisien des canaux de l'*Ourcq*, de *Saint-Martin* et de *Saint-Denis*; — le groupe des canaux du *Loing*, de *Briare* et d'*Orléans*.

MARINE MARCHANDE

342. La **marine marchande** transporte les marchandises d'un port à un autre.

Lorsque les marchandises sont transportées d'un port de France à un autre port du littoral français, la navigation porte le nom de *cabotage*. — Lorsque les marchandises sont transportées d'un port français à un port étranger et *vice versa*, la navigation est dite au *long cours*.

343. Les principaux **ports de commerce** de la *Manche* et de l'*océan Atlantique* sont : *Dunkerque*, Calais, Boulogne, Dieppe, **le Havre**, Rouen, Honfleur, Caen, Saint-Malo, Saint-Nazaire, Nantes, la Rochelle, *Bordeaux*, Bayonne.

344. Les principaux **ports de commerce** de la mer *Méditerranée* sont : Cette, **Marseille**, Nice.

345. Marseille, le Havre, Bordeaux, Dunkerque sont les ports qui font le plus grand commerce.

CHEMINS DE FER. — 321. Quels sont les six grands réseaux de chemins de fer? — 322. Où les principaux chemins de fer ont-ils leur tête de ligne et où aboutissent-ils? — 323. Quelles sont les grandes lignes qui aboutissent aux ports du Pas-de-Calais et de la Manche? — 324. Quelles sont les grandes lignes qui aboutissent aux ports de l'Atlantique? — 325. Quelles sont les grandes lignes qui aboutissent aux ports de la Méditerranée? — 326. Citez les chemins de fer qui aboutissent aux frontières italienne et suisse. — 327. Quelles sont les grandes lignes qui aboutissent à la frontière d'Alsace-Lorraine? — 328. Quelles sont les grandes lignes

[**Pour les chemins de fer et les canaux du département de la Seine, voir la carte p. 11.**]

qui aboutissent à la frontière belge ou tout près? — **329.** Citez des voies ferrées à l'intérieur du territoire français. — **330.** Quelle est la longueur totale des chemins de fer français? — **331.** Quelles sont les lignes qui transportent le plus de marchandises?

CANAUX. — **332.** Qu'est-ce qu'un canal? — **333.** Combien y a-t-il d'espèces de canaux navigables? — **334.** A quoi sont destinés les canaux latéraux? — **335.** Quels sont les canaux latéraux qui transportent le plus de marchandises? — **336.** A quoi sont destinés les canaux de jonction? — **337.** Par quel canal la Seine est-elle reliée à l'Escaut? — à la Meuse? — au Rhin? — à la Loire? — au Rhône? — Par l'intermédiaire de quels cours d'eau se font ces diverses jonctions? — **338.** Par quel canal le Rhône est-il relié à la Meuse? — au Rhin? — à la Seine? — à la Loire? — à la Garonne? — **339.** Parlez du canal de Nantes à Brest, — du canal du Berry, — du canal de l'Ourcq. — **340.** Pourquoi les canaux sont-ils très utiles au commerce? — **341.** Quels sont les canaux de jonction qui transportent le plus de marchandises?

MARINE MARCHANDE. — **342.** Quel est l'objet de la marine marchande? Parlez du cabotage et de la navigation au long cours. — **343** et **344.** Quels sont les principaux ports de commerce de la Manche et de l'océan Atlantique? — de la Méditerranée? — **345.** Quels sont les quatre ports français qui font le plus grand commerce?

2-7

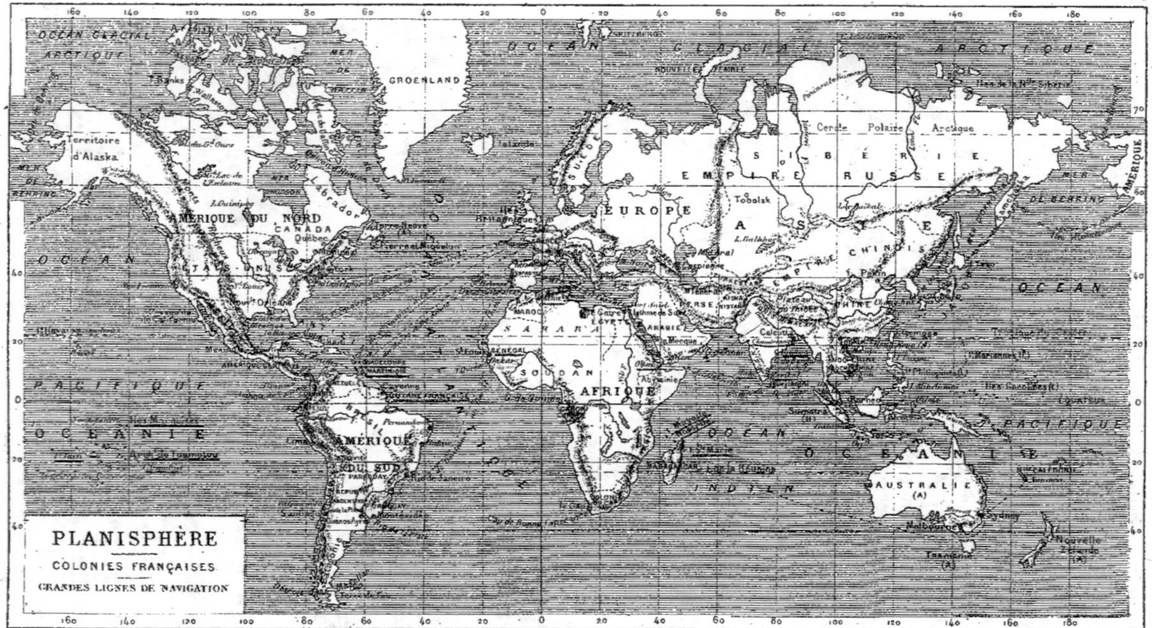

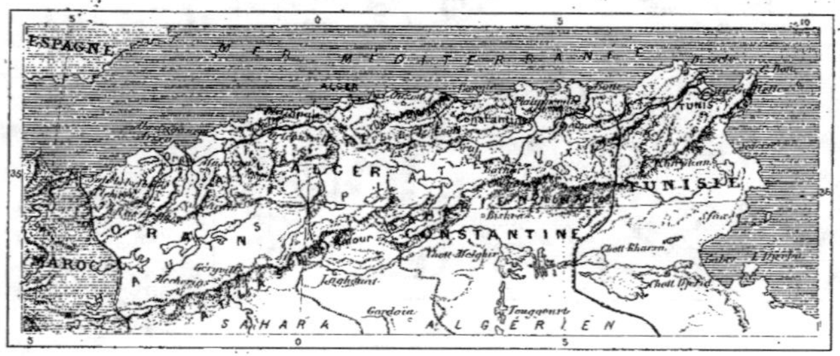

GRANDS SERVICES DE NAVIGATION. — **346.** Citez deux grandes compagnies de navigation maritime. — **347.** Quelles sont les grandes lignes de navigation desservies par la Compagnie générale transatlantique? — **348.** par la Compagnie des Messageries maritimes? — **349** et **350.** Citez quelques pays du nord de l'Europe pour lesquels il y a des services réguliers de navigation. — **351.** de quelques pays du sud de l'Europe.

Colonies françaises. — **352.** Parlez de l'empire colonial de la France. — **353.** Quelles sont les colonies de la France en Afrique? — **354.** Citez deux régions de l'Afrique placées sous le protectorat de la France? — **355.** Quelles sont les colonies de la France en Asie? — **356.** Parlez de la Cochinchine et du Tonkin. — **357.** Quelles sont les colonies de la France en Océanie? — **358.** dans l'Amérique du Nord? — **359.** dans les Antilles? — **360.** dans l'Amérique du Sud?

ALGÉRIE ET TUNISIE. — **361.** Parlez du relief du sol de l'Algérie. — **362.** Que désigne-t-on sous le nom de Tell? — **363.** de Hauts-Plateaux? — **364.** de Sahara algérien? — **365.** Quel est le plus important cours d'eau de l'Algérie? — **366.** Que désigne-t-on sous le nom de chotts? — Où les chotts sont-ils nombreux? — **367.** En combien de départements l'Algérie est-elle divisée? — Nommez le chef-lieu et les villes principales de chacun des trois départements algériens? — **368.** Quelles sont les principales productions de l'Algérie? — **369.** De quels éléments est composée la population algérienne? — **370** et **371.** Parlez de la Tunisie.

GRANDS SERVICES DE NAVIGATION

(Suivre sur la carte ci-contre.)

346. Les principaux services réguliers de navigation à vapeur sont ceux de la Compagnie générale **Transatlantique** et de la Compagnie des **Messageries** maritimes.

347. Les grandes lignes de navigation desservies par la Compagnie Transatlantique sont :

1° **Le Havre à New-York** (États-Unis), en 10 jours ;

2° **Saint-Nazaire à la Vera-Cruz** (Mexique), en 25 jours, avec arrêt à la Havane (île de Cuba, en Amérique) ;

3° La double ligne de **Saint-Nazaire à Colon et du Havre et Bordeaux à Colon** (port situé sur l'isthme de Panama, en Amérique), en 20 jours, avec arrêt à l'île française de la Martinique (Amérique).

A *la Martinique*, il y a une ligne annexe qui conduit à *Cayenne* (Guyane française, dans l'Amérique du Sud).

348. Les grandes lignes de navigation desservies par la Compagnie des Messageries maritimes sont :

1° **Bordeaux au Brésil et à la Plata** (Amérique du Sud), en 20 et 25 jours, avec arrêt à la Corogne (Espagne), Lisbonne (Portugal), Dakar (Sénégal), Rio de Janeiro (Brésil), Montévidéo (Uruguay), Buenos-Ayres (la Plata) ;

2° **Marseille à la Chine** (Asie), en 45 jours, par Port-Saïd et Suez (canal de Suez, en Egypte), avec arrêts aux ports d'Aden (Arabie), de Pointe de Galle (île de Ceylan), de Singapour (presqu'île de Malacca), Saïgon (Cochinchine française), Hong-Kong et Chang-haï (Chine).

Quatre services annexes de bateaux à vapeur permettent aux voyageurs qui ont pris la ligne de Marseille à la Chine de se rendre dans d'autres points du globe.

Ces quatre services annexes sont ceux : d'*Aden* (Arabie) à l'île *de la Réunion* (colonie française de l'Afrique orientale) et à l'île *de la Nouvelle-Calédonie* (colonie française en Océanie) ; — de *Pointe de Galle* (île de Ceylan) à *Pondichéry* (comptoir français de l'Inde) ; — de *Singapour* (presqu'île de Malacca) à *Batavia* (capitale de l'île hollandaise de Java, en Océanie) ; — de *Hong-Kong* (Chine) à *Yokohama* (Japon).

349. Indépendamment des grands services de navigation de la Compagnie Transatlantique et de la Compagnie des Messageries maritimes, il y a *beaucoup d'autres lignes de navigation* desservies, soit par ces deux grandes entreprises de transport, soit par d'autres sociétés maritimes moins importantes. C'est ainsi qu'il y a des services réguliers *entre nos ports* (carte, p. 19), ou bien entre ceux-ci et la plupart des grandes places maritimes des mers d'Europe.

350. Telles sont (cartes, pages 19 et 33) les lignes qui desservent les ports de l'*Angleterre* (Londres, Douvres, Folkestone, Newhaven, Southampton, Weymouth, Liverpool), — de la *Hollande* (Rotterdam), — de l'*Allemagne* (Hambourg), — de la *Norvège* (Christiania), — du *Danemark* (Copenhague), — de la *Russie* (Saint-Pétersbourg au nord, Odessa au sud).

2—8

351. D'autres services mettent nos ports en communication avec ceux de la *Turquie d'Europe* (Constantinople, Salonique), — de la *Grèce* (le Pirée, port d'Athènes), — de l'*Autriche* (Trieste), — de l'*Italie* (Messine, Naples, Livourne, Gênes), — de l'*Espagne* (Barcelone, Carthagène), — de l'*Algérie* et de la *Tunisie* (Oran, Alger, Philippeville, Bône, la Goulette, port de Tunis), — de l'*Égypte* (Alexandrie, Port-Saïd), — de la *Turquie d'Asie* (Beyrouth, Smyrne).

COLONIES FRANÇAISES

[Les colonies sont encore étudiées en détail à chaque partie du monde.]

352. Les colonies de la France, les pays placés sous son protectorat[1] et ceux sur lesquels elle a conservé des droits représentent un **Empire colonial très important** (près de 2 millions de kilomètres carrés avec 27 millions d'habitants).

353. Les **colonies** de la France en **Afrique** (voir la carte ci-contre et la carte p. 38) sont : au nord, l'**Algérie** ; — à l'ouest, le *Sénégal* et ses dépendances, villes principales : Saint-Louis, Dakar, Gorée ; et, sur la côte de Guinée, les établissements du *Gabon* et de l'Ouest-Africain (Congo) ; — à l'est, l'île fertile de la *Réunion*[2], ch.-l. Saint-Denis, et les petites îles de *Mayotte*, *Nossi-Bé*, *Sainte-Marie-de-Madagascar* ; le comptoir d'*Obock*, sur le golfe d'Aden.

354. En dehors de ces possessions directes, la France exerce en Afrique son protectorat sur la **Tunisie**, pays limitrophe de l'Algérie, et sur la partie nord-ouest de la grande île de *Madagascar*.

355. Les **colonies** de la France en **Asie** (voir la carte ci-contre et la carte, p. 41) sont : des *comptoirs dans l'Inde* (Chandernagor, Yanaon, Pondichéry, Karikal, Mahé) ; — l'*Indo-Chine* française, qui comprend la colonie de Cochinchine, le Tonkin et *deux États* protégés : 1° le royaume d'Annam, 2° le royaume de Cambodge.

356. La **Cochinchine**, capitale Saïgon, est une colonie très prospère. La culture principale est celle du *riz*. — Le *Tonkin* (15 millions d'hab.), cap. Ha-noï, touche à la Chine et possède beaucoup de *mines*.

357. Les **colonies** de la France en **Océanie** (voir la carte ci-contre et la carte p. 42) sont peu importantes ; elles comprennent : la *Nouvelle-Calédonie* et ses dépendances, ch.-l. Nouméa ; — l'archipel des *Marquises*, dont la principale île est Nouka-Hiva ; — l'archipel de *Taïti*, ch.-l. Papeiti ; — les archipels de *Tuamotou* et de *Gambier*.

358. Les **possessions** de la France en **Amérique** (voir la carte ci-contre et les cartes p. 34 et 37) sont :

Dans l'**Amérique du Nord**, les îlots de *Saint-Pierre et Miquelon*, qui servent de station aux navires chargés de protéger notre pêche de la morue sur le banc de Terre-Neuve.

359. Dans les **petites Antilles**, les îles fertiles de la *Martinique*, ch.-l. Fort-de-France ; — de la *Guadeloupe*, ch.-l. Basse-Terre. — La Guadeloupe a pour dépendances plusieurs petites îles : la Désirade, Marie-Galante, les Saintes, Saint-Barthélemy, une partie de Saint-Martin.

360. Dans l'**Amérique du Sud**, la *Guyane française*, cap. Cayenne.

ALGÉRIE ET TUNISIE

361. Algérie. — L'Algérie est plus qu'une colonie : c'est en réalité une **France africaine**.

L'Algérie a des plaines, des plateaux élevés, et une double chaîne de montagnes : l'*Atlas tellien* et l'*Atlas saharien*, dont plusieurs massifs (djebel[3] Ddjurjura, djebel Amour, djebel Aurès) ont de 2 000 à 2 330 mètres d'altitude.

L'Algérie peut être divisée, d'après son relief et son sol agricole, en trois régions : le *Tell*, les *Hauts-Plateaux*, le *Sahara algérien*.

1. Sous son *protectorat*, sous son gouvernement protecteur.
2. La *Réunion* portait auparavant le nom d'*île Bourbon*.
3. *Djebel*, mot arabe qui veut dire « montagne. »

362. Le Tell comprend toute la partie de l'Algérie qui borde la Méditerranée ; c'est une région accidentée où la culture des céréales (blé, orge) est très prospère.

363. L'Atlas tellien et l'Atlas saharien étayent[4] une région élevée, celle des **Hauts-Plateaux** ; c'est dans cette région que pousse l'*alfa*, herbe dont on fait du papier.

364. Le **Sahara algérien** est situé au sud de l'Atlas Saharien ; c'est une vaste plaine renfermant quelques plateaux et qui sert de transition entre les terres cultivables des Hauts-Plateaux et les terres absolument incultes du grand désert du Sahara.

365. Les **cours d'eau** de l'Algérie débordent après la saison des pluies et sont à sec en été ; ils ne sont donc pas navigables.

Le plus important de ces cours d'eau est le *Chélif* (presque aussi long que la Seine), qui prend sa source au djebel *Amour* et se jette dans la Méditerranée.

366. Indépendamment des cours d'eau, il y a aussi en Algérie des lacs temporaires ou *chotts*, dont le fond est recouvert d'une couche de sel. Les chotts sont nombreux sur les Hauts-Plateaux ainsi que du côté de la Tunisie (chott Melghir, chott Djerid).

Les chotts sont formés par les eaux qui se rendent dans les dépressions du sol ; ces eaux, en s'évaporant pendant l'été, déposent au fond les matières salines qu'elles tiennent en dissolution.

367. L'Algérie est divisée en trois départements :

1° **Le département d'Oran**, chef lieu Oran, le port le plus important de l'Algérie ; — villes principales : Mostaganem, Mascara, Sidi-bel-Abbès, Saïda, et plus au sud, Géryville ;

2° **Le département d'Alger**, chef-lieu Alger, port important, résidence du gouverneur général de l'Algérie ; — villes principales : Tizi-Ouzou, Miliana, Orléansville, et, plus au sud, Laghouat, El Goléa (carte, page 38).

3° Le **département de Constantine**, chef-lieu Constantine ; — villes principales : Bône, Philippeville, Bougie, ports de commerce, Guelma, Sétif et plus au sud, Biskra, Touggourt.

368. Le sol de l'Algérie ne contient malheureusement pas de houille, mais il renferme des marbres et d'excellents minerais de fer, de cuivre, de plomb. — Les principales productions végétales sont les **céréales**, les olives. On élève en Algérie beaucoup de moutons et de chèvres.

369. La **population** (3 300 000 hab.) est composée d'Européens et d'indigènes. — Les Européens sont au nombre de 420 000 et comprennent surtout des *Français*, des *Espagnols*, des *Maltais*. — La population indigène est formée de *Kabyles*, d'*Arabes*, de *Juifs*.

370. Tunisie. Notre possession d'Algérie a pour annexe la **Tunisie**, soumise à notre protectorat. — La Tunisie (2 millions d'habitants), cap. Tunis, a le même relief, le même écoulement des eaux, les mêmes productions, les mêmes races indigènes que l'Algérie.

371. Les principales cités de la Tunisie sont : les villes maritimes de *Bizerte*, *la Goulette* (port de Tunis), *Sousse*, *Sfax*, et les villes de *Kef*, *Kairouan*, à l'intérieur du pays.

4. *Étayent*, c'est-à-dire soutiennent.

COMMERCE DE LA FRANCE

(Suivre sur la carte, p. 20.)

372. Le **commerce** d'un pays se divise en commerce intérieur et commerce extérieur.

Le commerce *intérieur* de la France comprend les échanges qui se font à l'intérieur du territoire national; le commerce *extérieur* comprend les échanges que la France fait avec ses colonies ou avec les nations étrangères.

373. Le **commerce extérieur** de la France embrasse deux opérations : *l'importation*, qui comprend les marchandises que la France reçoit de ses colonies et de l'étranger; — *l'exportation*, qui comprend les marchandises que la France envoie à ses colonies et à l'étranger.

374. La France, qui a une *agriculture* et une *industrie* prospères, des moyens de *transport* nombreux et rapides, un empire *colonial* important, c'est-à-dire tous les éléments nécessaires à un grand trafic, est une des nations **les plus commerçantes du globe.**

375. Le montant du commerce extérieur de la France s'élève au chiffre énorme de **9 milliards** de francs dont moitié environ pour l'importation et moitié pour l'exportation.

376. Les pays qui font le plus grand commerce avec la France sont : l'**Angleterre**, la *Belgique*, l'*Allemagne*, l'Italie, les États-Unis, notre colonie d'Algérie.

377. Importation. — La France **achète** :

1° De la *laine brute*, pour 300 millions de francs, à l'Angleterre et à ses colonies (Australie, colonie du Cap); à la République Argentine (Amérique du Sud); à notre colonie d'Algérie;

2° De la *soie grège*[1] et des œufs de vers à soie, pour environ 220 millions de francs, à l'Italie; à la Chine et au Japon (Asie);

3° Des *bois communs*, pour environ 200 millions de francs, à la Norvège et à la Suède;

4° Du *coton*, pour environ 200 millions de francs, aux États-Unis (Amérique du Nord);

5° Des *bestiaux* à l'Italie, à l'Allemagne, à la Suisse; — de la *houille* à l'Angleterre, à la Belgique, à l'Allemagne; — des *peaux non préparées* à la République Argentine (Amérique du Sud), à la Russie, à notre colonie d'Algérie; — du *café* au Brésil (Amérique du Sud) et à nos colonies de la Martinique et de la Réunion.

378. Exportation. — La France **vend** aux nations étrangères : des *tissus de soie, de laine, de lin, de chanvre, de coton* (pour **1** milliard de francs); — des *vins et eaux-de-vie* (350 millions de francs); — des *objets en cuir* (300 millions de francs); — de la *bijouterie* et des *objets d'art* (150 millions de francs).

379. En comparant la nature des objets d'importation et celle des objets d'exportation, on voit que les objets *importés* sont des produits **alimentaires** (céréales, café) ou des **matières brutes** (laine, bois), tandis que les objets *exportés* sont des produits **manufacturés** (tissus, bijouterie).

1. *Soie grège*, celle que l'on tire des cocons et qui n'a subi aucune préparation.

FRANCE MILITAIRE

(Suivre sur la carte ci-contre et sur la carte p. 19.)

380. En temps de paix, la France a environ 450 000 hommes sous les drapeaux; en temps de guerre elle, peut disposer de **un million et demi** de soldats.

381. Le territoire de la France est partagé en **18 régions militaires**, dans chacune desquelles se trouve un corps d'armée. L'Algérie et la Tunisie ont un corps d'armée spécial, le 19e corps.

382. La France a pour **défenses naturelles** : la mer du Nord, la mer de la Manche, l'océan Atlantique, au nord et à l'ouest; — la chaîne des Pyrénées et la mer Méditerranée, au sud; — les chaînes des Alpes et du Jura, à l'est.

La chaîne des Vosges, dont les Allemands occupent le versant oriental, ne peut plus être considérée comme une défense naturelle suffisante.

383. La région du **Nord-Est**, comprise entre le Jura et Dunkerque, est la seule qui soit dépourvue de frontières naturelles.

384. Pour mettre la frontière du Nord-Est à l'abri d'une nouvelle invasion, on a construit de **nombreux forts** : 1° sur la frontière belge, sur les rives de la Meuse, de la Moselle et de la Meurthe; 2° sur les hauteurs des vallées qui conduisent à Paris; 3° autour de Paris.

A ces ouvrages fortifiés, il faut ajouter les chemins de fer stratégiques de toute cette région qui peuvent rendre de grands services pour le transport rapide des troupes.

385. Les principales **places fortes** qui défendent la frontière du Nord-Est *du côté de l'Allemagne* sont : Mézières, Verdun, Toul, Epinal, Belfort, — et, plus en arrière : la Fère, Laon, Reims, Langres, Dijon, Besançon.

386. Les autres places fortes de la France sont : *du côté de la Belgique*, Dunkerque, Lille, Douai, Valenciennes, Maubeuge; — *du côté de la Suisse* et de l'*Italie*, les camps retranchés de Lyon, Grenoble et la place forte de Briançon; — *du côté de l'Espagne*, Bayonne, Perpignan.

387. **Paris** est maintenant un immense camp retranché protégé par trois ceintures de forts que des chemins de fer relient les uns aux autres (voir carte, p. 11).

388. La défense des **côtes** est assurée : 1° par les *cinq grands ports militaires* de Cherbourg, Brest, Lorient, Rochefort, Toulon; 2° par une quantité de *forteresses* et de *batteries*; 3° par les *navires de guerre* chargés d'empêcher des vaisseaux ennemis d'approcher de nos ports et d'y débarquer des troupes.

2. *Pouvoir législatif*, pouvoir de faire les lois.

FRANCE ADMINISTRATIVE

389. La France est une **République démocratique** : le peuple est dépositaire de tous les pouvoirs, mais il n'en exerce aucun directement.

390. Le peuple français élit des *députés* et des *sénateurs* pour le représenter dans l'exercice du pouvoir **législatif**[2]. Ces députés et ces sénateurs font les lois et nomment le président de la République.

391. Le *président de la République*, élu pour sept ans, est chargé du pouvoir **exécutif**[3]; il choisit des collaborateurs qui sont les *ministres*, pour l'aider dans l'exercice de ce pouvoir.

392. Les ministres dirigent les grands services de l'État appelés **ministères.**

MINISTÈRES

393. Il y a **11 ministères** : les ministères des affaires étrangères, — de la justice, — de l'intérieur et des cultes, — des finances, — de la guerre, — de la marine et des colonies, — de l'instruction publique et des beaux-arts, — des travaux publics, — du commerce, — de l'agriculture, — des postes et des télégraphes.

394. Le ministère des **affaires étrangères** est chargé des rapports politiques et commerciaux de la France avec les autres nations.

395. Le ministère de la **justice** a sous sa dépendance tous les tribunaux (tribunaux de justice civile, commerciale, criminelle) et toutes les cours de justice (cours d'appel, d'assises, de cassation).

396. Le ministère de l'**intérieur** et des **cultes** a sous ses ordres tous les agents (préfets, sous-préfets, maires) de l'administration départementale. Ce ministère a aussi la direction des cultes religieux.

397. Il y a quatre cultes reconnus par l'État et subventionnés par lui; ce sont : le culte *catholique*, le culte *protestant*, le culte *israélite* et, en Algérie, le culte *musulman*.

Le territoire français est divisé en 84 diocèses dont 17 archevêchés et 67 évêchés.

398. Le culte **catholique** est celui de la majorité des Français.

399. Le ministère des **finances** est chargé de toutes les recettes et de tous les payements de l'État.

400. Les principales **recettes** de l'État proviennent : 1° des contributions indirectes (impôts sur les boissons, sur le tabac, sur le sucre de betterave, etc.); 2° de l'enregistrement et du timbre (droit sur les transmissions de propriété, taxes sur certains actes); 3° des contributions directes (impôts sur les maisons, sur les terres, sur les portes et fenêtres, sur les patentes); 4° des douanes (droits sur les marchandises à leur entrée en France et à leur sortie).

3. *Pouvoir exécutif*, pouvoir d'exécuter les lois.

Commerce de la France. — 372. Expliquez ce qu'on entend par commerce intérieur et commerce extérieur. — 373. Qu'est-ce que l'importation? — l'exportation? — 374. Pourquoi la France est-elle une des nations les plus commerçantes du globe? — 375. A quel chiffre s'élève le commerce extérieur de la France? — 376. Quels sont les pays qui font le plus grand commerce avec la France? — 377. A quels pays la France achète-t-elle de la laine brute? — de la soie grège? — des bois communs? — du coton? — des bestiaux? — de la houille? — des peaux non préparées? — du café? — 378. Quels sont les articles que la France vend aux nations étrangères? — 379. Comparez la nature des objets importés et des objets exportés.

Défense militaire de la France. — 380. Quel est l'effectif de l'armée française en temps de paix? — en temps de guerre? — 381. Combien y a-t-il de régions militaires? — 382. Quelles sont les défenses naturelles de la France? — 383. Quelle est la région de notre sol qui est dépourvue de frontières naturelles? — 384. Qu'a-t-on fait pour mettre la frontière du Nord-Est à l'abri d'une nouvelle invasion? — 385. Quelles sont les principales places fortes qui défendent la frontière du Nord-Est? — 386. nos autres frontières? — 387. Comment Paris est-il protégé? — 388. Par quoi est assurée la défense de nos côtes?

France administrative. — 389. Quelle est la forme du gouvernement de la France? — 390. Qui est-ce qui fait les lois? — 391. Qui est-ce qui est chargé du pouvoir exécutif? — 392. Qu'est-ce que les ministères?

MINISTÈRES, POPULATION. — 393. Énumérez les différents ministères. — 394. De quoi est chargé le ministère des affaires étrangères? — 395. le ministère de la justice? — 396. le ministère de l'intérieur et des cultes? — 397. Quels sont les cultes reconnus par l'État? — 398. Quel est le culte de la majorité des Français? — 399. De quoi est chargé le ministère des finances? — 400. D'où proviennent les principales recettes de l'État? — 401. Quelles sont les principales

401. Les principales **dépenses** de l'État sont le service de la dette publique (intérêt servi aux créanciers de l'État), — le service des pensions civiles et militaires accordées aux anciens fonctionnaires du pays, — les sommes allouées aux différents ministères.

402. L'état des recettes et des dépenses probables de chaque année est appelé **budget**; il est voté par les Chambres (Chambre des députés et Sénat).

403. Le ministère de la **guerre** a sous ses ordres les troupes de terre.

404. Le ministère de la **marine** et des colonies a sous sa dépendance les troupes de mer; il administre aussi les colonies.

405. Le ministère de l'**instruction publique** et des **beaux-arts** exerce son autorité sur tous les établissements d'enseignement; il a aussi la direction des musées et de certains théâtres.

406. Le territoire français est divisé pour l'instruction en seize **académies** administrées chacune par un *recteur*. Le recteur a sous ses ordres un *inspecteur d'académie* dans chaque département et au moins un inspecteur de l'*instruction primaire* dans chaque arrondissement.

407. Le ministère des **travaux publics** est chargé de la construction et de l'entretien des routes, des canaux, ainsi que de la surveillance des **chemins** de fer et des mines.

408. Le ministère du **commerce** a pour mission de s'occuper de tout ce qui concerne le commerce.

409. Le ministère de l'**agriculture** est chargé de tout ce qui est relatif à l'agriculture et à l'industrie.

410. Le ministère des **postes** et des **télégraphes** a la direction des postes et des télégraphes.

POPULATION

411. La *population* de la France est de **38 millions** d'habitants, dont 18 millions s'occupent d'agriculture, 9 millions d'industrie, 4 millions de commerce. Il y a en outre 2 millions de rentiers et pensionnés et 1 million et demi de personnes exerçant des professions libérales (artistes, professeurs, médecins, avocats).

412. **Paris** à lui seul renferme la 19e *partie* (2 millions d'hab.) de la population totale de la France.

ALSACE-LORRAINE

(Suivre sur la carte ci-dessus.)

L'annexion de l'Alsace-Lorraine à l'Allemagne a été trop violente pour devenir *définitive*. Dans un temps plus ou moins éloigné, ces provinces feront *retour* à la France; c'est pourquoi leur étude géographique doit servir de complément à celle de notre pays.

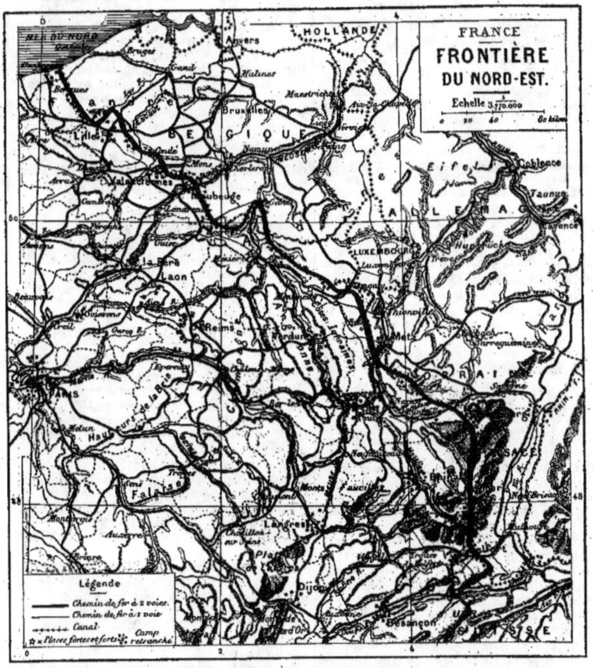

413. L'Allemagne, après la guerre désastreuse de 1870-1871, nous a arraché l'**Alsace-Lorraine** que nous possédions depuis deux siècles et dont les habitants sont **Français de cœur.**

414. L'ALSACE formait deux départements: le **Haut-Rhin**, ch.-l. Colmar, et le **Bas-Rhin**, ch.-l. Strasbourg.

Les Allemands ont formé avec ces deux départements les districts de la *Haute-Alsace*, ch.-l. Colmar, et de la *Basse-Alsace*, ch.-l. Strasbourg.

Il ne nous reste plus de l'Alsace que le territoire de *Belfort*.

415. La LORRAINE formait quatre départements: la **Meuse**, ch.-l. Bar-le-Duc; — la **Moselle**, ch.-l. Metz, — la **Meurthe**, ch.-l. Nancy, — les **Vosges**, ch.-l. Épinal.

416. Les Allemands nous ont pris *presque tout* le département de la *Moselle*, une *partie* du département de la *Meurthe;* ils ont formé avec le tout le district de *Lorraine*, ch.-l. Metz.

Nous avons donc conservé : la *Meuse en entier*, — une *petite* partie de la *Moselle* (arrondissement de Briey), — une *grande* partie de la *Meurthe* (arrondissements de Nancy, de Lunéville, de Toul), — presque tout le département des Vosges.

Avec les parties de la Meurthe et de la Moselle qui nous ont été laissées, nous avons constitué le département de *Meurthe-et-Moselle*, ch.-l. Nancy.

417. Les villes les plus importantes de l'Alsace-Lorraine, sont: en Lorraine, **Metz**, au confluent de la Moselle et de la Seille, une des premières places fortes de l'Europe; — en Alsace, **Strasbourg**, grande place forte sur l'Ill, près de son confluent avec le Rhin; *Colmar* et *Mulhouse*, grands centres pour la filature du coton.

418. L'Alsace-Lorraine est un pays très bien *cultivé*, très riche en *mines de fer*, *de sel;* les industries du *fer* et du *coton* y sont florissantes. Sa population est de 1 million 1/2 d'habitants.

dépenses de l'État? — **402.** Qu'est-ce que le budget? — **403.** Parlez du ministère de la guerre. — **404.** du ministère de la marine, — **405.** du ministère de l'instruction publique et des beaux-arts. — **406.** Combien y a-t-il d'Académies? — **407.** Parlez du ministère des travaux publics. — **408.** du ministère du commerce. — **409.** du ministère de l'agriculture. — **410.** du ministère des postes et des télégraphes. — **411** et **412.** Quelle est la population de la France et celle de Paris?

Alsace-Lorraine. — **413.** Quelles sont les provinces qui nous ont été arrachées après la guerre de 1870-1871? — Depuis quand possédions-nous ces provinces? — **414.** Quels étaient les deux départements français qui avaient été formés par l'Alsace? — Que nous reste-t-il de cette province? — **415.** Combien y avait-il de départements formés par la Lorraine? — **416.** Qu'est-ce que les Allemands nous ont pris de la Lorraine? — Que nous reste-t-il de cette province? — **417.** Quelles sont les villes les plus importantes de l'Alsace-Lorraine? — **418.** Quelles sont les productions de l'Alsace-Lorraine? — Quel est le chiffre de sa population?

FRANCE HISTORIQUE

FORMATION DU TERRITOIRE FRANÇAIS

(Suivre sur les cartes ci-contre.)

419. La Gaule avant la conquête romaine. La Gaule, avant la conquête romaine, comprenait toute la France actuelle, la Belgique, la Suisse et une partie de l'Allemagne et de la Hollande. Elle était habitée : 1° par des tribus de race *celtique* (Kymris et Celtes) qui vivaient dans toute la partie de la Gaule située au nord de la Garonne et de la Durance ; — 2° par des tribus de race *ibérique* (Aquitains et Ligures) qui étaient répandus au sud de la Garonne et de la Durance ; — 3° par quelques colons *phéniciens* et *grecs* établis le long du littoral méditerranéen.

420. La Gaule sous les Romains. Les Romains conservèrent les divisions qui existaient, mais ils fondèrent plusieurs villes, Narbonne, Lyon etc., — donnèrent le nom de *Narbonnaise* à toute la Gaule méridionale baignée par la Méditerranée, celui d'*Aquitaine* à toute la Gaule comprise entre les Pyrénées et la Loire, les noms de *Lyonnaise* et de *Belgique* à toute la partie de la Gaule située au nord de l'Aquitaine et de la Narbonnaise.

Chacune de ces grandes divisions était partagée en provinces, qui comprenaient elles-mêmes un certain nombre de *pays*. — Les noms de ces pays, qui rappellent les noms des tribus qui les habitaient, sont encore de nos jours d'un usage fréquent. *Exemples* : le Santerre (Somme), la Brie (Seine-et-Marne), le Bessin (Calvados), le Velay (Haute-Loire), etc.

421. La Gaule sous les Francs. Sous les Mérovingiens, la Gaule fut divisée en quatre grandes régions : 1° l'*Austrasie* (ou royaume de l'Est) ; 2° la *Neustrie*, au nord-ouest ; 3° la *Bourgogne* ; 4° l'*Aquitaine*.

Sous **Charlemagne**, la Gaule s'agrandit considérablement ; elle comprenait, outre la France actuelle, la *Belgique*, la *Hollande*, une grande partie de l'*Allemagne*, de l'*Autriche-Hongrie*, de l'*Italie* et de l'*Espagne*.

422. La Gaule au traité de Verdun. Le traité de **Verdun** (843) partagea l'empire de Charlemagne en *trois royaumes*. La France fut réduite à la partie comprise entre l'Océan d'une part, et les cours de l'Escaut, de la Meuse, de la Saône et du Rhône, d'autre part.

423. Démembrement intérieur de la France (Époque féodale). Indépendamment de la mutilation de la France au traité de Verdun, le royaume se morcela en un grand nombre de **fiefs** dont les principaux étaient les duchés de **France**, de *Normandie*, de *Bretagne*, d'*Aquitaine*, de *Gascogne*, de *Bourgogne*, les comtés de Vermandois, de Champagne, du Maine, d'Anjou, de Touraine, etc.

424. La France sous les Capétiens. *Hugues Capet* et ses successeurs reconstituèrent l'**unité française** en réunissant au domaine royal les fiefs qui s'en étaient détachés, puis ils *reculèrent les limites* de la France, et au moment de la Révolution (1789), le territoire national avait à peu près la *même étendue que maintenant* (Alsace-Lorraine en plus ; Savoie, comtés Venaissin et de Nice en moins).

425. La France sous la Révolution. En 1790, les 33 provinces (en comprenant la Corse) qui formaient le royaume de France furent partagées en **83 départements**. Des guerres heureuses nous permirent ensuite de reculer nos frontières jusqu'au Rhin (traité de Lunéville, 1801) ; nous atteignions ainsi nos **limites naturelles**.

426. La France sous le premier empire. La limite naturelle du Rhin fut encore reculée par les conquêtes[1] de Napoléon Ier. Le nombre des départements s'élevait à **130** en 1810.

427. La France en 1815. Après la défaite de *Waterloo*, le **deuxième traité de Paris** fit perdre à la France non seulement les conquêtes du premier Empire, mais encore les acquisitions faites sous la Révolution.

428. La France depuis 1815. La France a acquis en 1860 la *Savoie* (départements de la Savoie et de la Haute-Savoie) et le comté de *Nice* (département des Alpes-Maritimes), mais elle a perdu en 1871 l'**Alsace**, moins Belfort, et un tiers de la **Lorraine**.

DATES D'ANNEXION DES PROVINCES

(Suivre sur la carte p. 10.)

429. Réunion des provinces du Nord :

Flandre, sous Louis XIV, par conquête sur les Espagnols (traité d'Aix-la-Chapelle, 1668).

Artois, conquis sur les Espagnols par Louis XIII (1640) et réuni définitivement sous Louis XIV (traité des Pyrénées, 1659).

Picardie, sous Louis XI (1463).

Normandie, sous Philippe-Auguste (1204), par confiscation sur Jean sans Terre.

Ile de France, berceau de la monarchie française, domaine de Hugues Capet (987).

Champagne, sous Philippe le Bel (1285), par mariage.

430. Réunion des provinces de l'Ouest :

Bretagne, sous François Ier (1532), par mariage de ce roi avec l'héritière du duché de Bretagne.

Maine, sous Louis XI (1481), par héritage.

Anjou, sous Louis XI (1481), par héritage.

Poitou, sous Charles V (1639), par conquête sur les Anglais.

Angoumois, reconquis sur les Anglais par Charles V (1371), et réuni définitivement par François Ier (1515), par apanage.

Aunis, sous Charles V (1371), par conquête sur les Anglais.

Saintonge, sous Charles V (1371), par conquête sur les Anglais.

431. Réunion des provinces de l'Est :

Lorraine, sous Louis XV (1766), à la mort de Stanislas Leczinski.

Les évêchés de Metz, Toul, Verdun appartenaient déjà à la France depuis le traité de Westphalie (1648).

Alsace (moins Strasbourg et Mulhouse), sous Louis XIV, par le traité de Westphalie (1648).

Strasbourg, sous Louis XIV (1681) ; *Mulhouse* en 1798, sur sa demande.

Bourgogne (moins la Bresse et le Bugey), sous Louis XI (1477), à la mort de Charles le Téméraire.

La *Bresse* et le *Bugey*, sous Henri IV, par conquête (traité de Lyon, 1601).

Franche-Comté, sous Louis XIV, par conquête sur les Espagnols (traité de Nimègue, 1678).

Lyonnais, sous Philippe le Bel (1312), par achat.

Dauphiné, sous Philippe de Valois (1349), par legs du dernier dauphin Humbert II.

Savoie, sous Napoléon III (1860), par cession volontaire du roi de Sardaigne.

432. Réunion des provinces du Centre :

Orléanais, apporté en apanage par Louis XII (1498) à son avènement au trône de France.

Touraine, sous Charles VII (1434).

Berry, en 927 et sous Philippe Ier (1101), par achat.

Nivernais, sous Louis XIV (1665), par achat.

Bourbonnais, sous François Ier (1527), par confiscation sur le connétable de Bourbon.

Marche, sous François Ier (1531), par confiscation sur le connétable de Bourbon.

Limousin, repris aux Anglais par Charles V, (1369).

Auvergne, cédée à Louis XIII (1610) par Marguerite de Valois.

433. Réunion des provinces du Sud :

Guyenne, sous Charles VII (1453), par conquête sur les Anglais.

Gascogne, apportée en apanage par Henri IV (1589) à son avènement au trône de France.

Languedoc : *partie orientale*, sous Louis IX, (1229) ; — *partie occidentale*, sous Philippe le Hardi (1271).

Provence, sous Louis XI (1481), par héritage.

Béarn, apporté par Henri IV (1589) à son avènement au trône de France.

Foix (comté de), apporté par Henri IV (1589) à son avènement au trône de France.

Roussillon, sous Louis XIII (1640) par conquête, et définitivement sous Louis XIV, par le traité des Pyrénées (1659).

Nice (comté de), sous Napoléon III (1860) par cession volontaire du roi de Sardaigne.

Comtat-Venaissin, en 1791, sur la demande des habitants, sujets du pape.

Corse, sous Louis XV (1768), par achat aux Génois.

HISTORIQUE DE NOS COLONIES

434. Au commencement du **dix-huitième siècle**, la France était *la première puissance coloniale* du monde.

435. Des guerres malheureuses et une mauvaise direction dans le gouvernement de nos possessions d'outre-mer nous ont fait perdre les colonies suivantes :

En Amérique, l'île de Terre-Neuve (en 1713) ; — l'Acadie (Nouvelle Écosse) et le Canada (1763) ; — l'île de Saint-Domingue (1793) ; — la Louisiane (vendue aux États-Unis en 1800) ; — plusieurs îles des petites Antilles (1815) ;

En Afrique, l'île Maurice (1815), qui portait autrefois le nom d'île de France ;

En Asie, l'Inde (1763).

436. En **1815**, notre empire colonial ne comprenait plus que la Guyane, la Martinique,

1. Duché de Parme, Piémont, république de Gênes, Toscane, État-romain, Hollande, Hanovre, duché d'Oldenbourg, etc.

Géographie historique du Territoire français. — FORMATION DU TERRITOIRE FRANÇAIS. — **419.** Quelles étaient les régions que comprenait la Gaule avant la conquête romaine ? — Quelles étaient les tribus qui habitaient la Gaule ? — **420.** Parlez des divisions de la Gaule sous les Romains. — **421.** sous les Francs. — **422.** au traité de Verdun. — **423.** Citez quelques-uns des grands fiefs de l'époque féodale. — **424.** Parlez des agrandissements de la France sous les Capétiens. — **425.** sous la Révolution. — **426.** sous le premier empire. — **427.** Quelles furent les conséquences pour la France du deuxième traité de Paris, en 1815 ? — **428.** Parlez des changements territoriaux de la France depuis 1815. — **429.** Donnez la date d'annexion des provinces du Nord. — **430.** de l'Ouest. — **431.** de l'Est. — **432.** du Centre. — **433.** du Sud.

HISTORIQUE DES COLONIES FRANÇAISES. — **434.** A quelle époque la France était-elle la première puissance coloniale du monde ? — **435.** Quelles sont les colonies que la France a perdues successivement ? — **436.** Quelles étaient les possessions d'outre-mer qui restaient à la France en 1815 ? — **437** et **438.** Quelles sont les colonies que la France a acquises depuis 1815 ? — **439.** Quelle est l'importance de notre empire colonial actuel ?

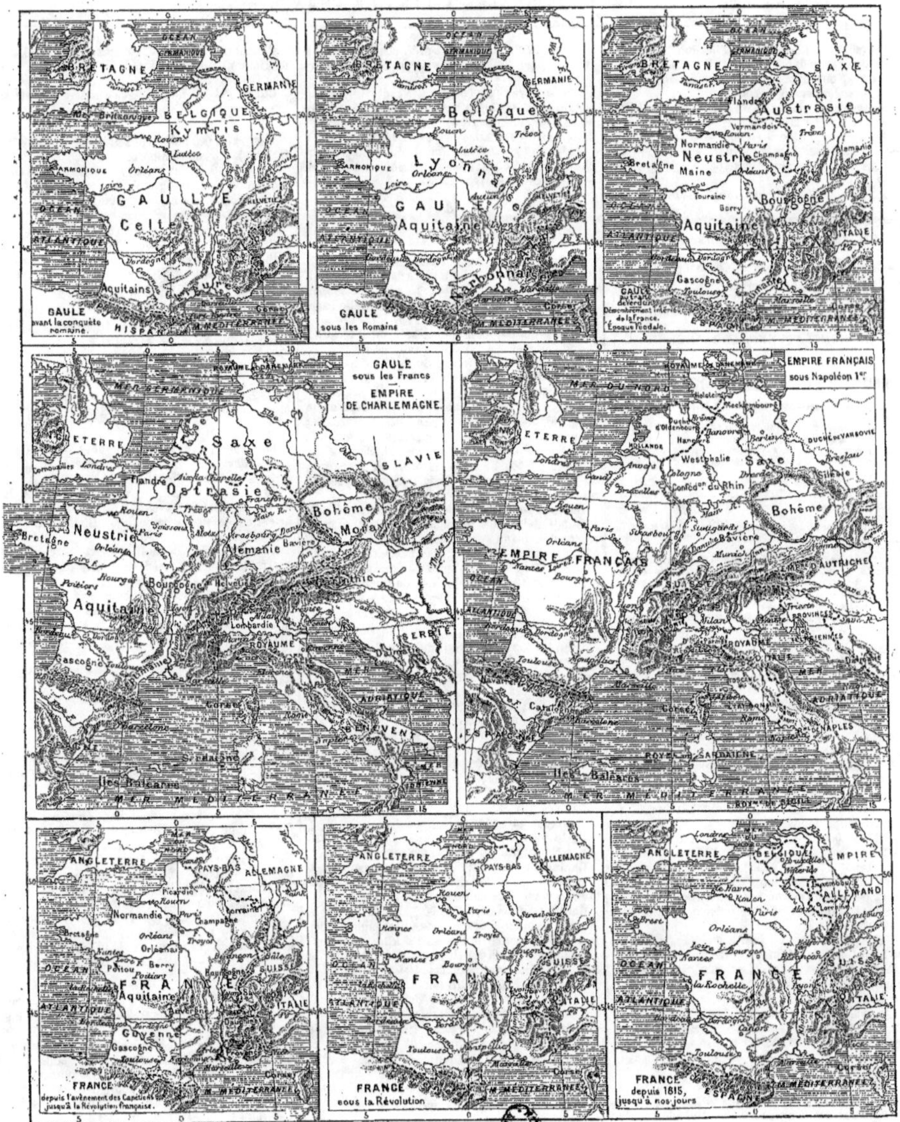

Gravé par Mme Perrin, 14, R. des Fossés-St-Bernard, Paris.

la Guadeloupe, le Sénégal, l'île Bourbon, quelques comptoirs dans l'Inde.

437. Nous avons acquis **depuis 1815** différentes possessions, qui sont :

En Amérique, la petite île de Saint-Barthélemy, dans les Antilles (1877);

En Afrique, l'Algérie (1830); — le Gabon (1843), — les établissements de l'Ouest africain (1882); — des comptoirs sur la côte de Guinée et sur la mer Rouge.

En Asie, la Cochinchine française (1858);

En Océanie, les archipels de Taïti et des Marquises (1842) ; — la Nouvelle-Calédonie (1858).

438. Enfin nous avons établi notre protectorat sur la Tunisie et la côte nord-ouest de Madagascar (Afrique); — sur le Cambodge, l'Annam et le Tonkin (Indo-Chine).

439. Actuellement notre *empire colonial* est le plus puissant après celui de l'Angleterre.

NOMENCLATURE ALPHABÉTIQUE

DES

PRINCIPALES VILLES DE FRANCE

Ayant plus de 20 000 habitants.

Cette nomenclature, qui groupe pour chaque ville ce qui a été étudié dans différentes leçons, *ne doit pas être apprise par cœur;* elle a été faite afin de faciliter à l'Élève la rédaction de certains devoirs du genre de ceux-ci :

1° Citer les villes arrosées par tel cours d'eau et indiquer ce que ces villes offrent de remarquable au point de vue économique (agriculture, industrie, commerce).

2° Quelles sont les villes qui se trouvent sur telle ligne de chemin de fer et par quoi se distinguent ces villes?

3° Quelles sont les principales villes de telle région agricole, de telle province, de tel département et par quoi se distinguent ces villes?

Pour la réponse à toutes ces questions, il suffira à l'Élève : 1° de consulter les cartes de ce Livre-Atlas ; 2° de faire la liste des villes ; 3° de chercher ci-dessous par quoi se distinguent ces villes.

A

Abbeville (20 000 hab.) (sous-préfecture du département de la Somme), sur la Somme; même industrie qu'Amiens.

Agen (20 000 hab.) (ch.-l. du Lot-et-Garonne), sur la Garonne; commerce de vins. — Distance de Paris : 651 kilomètres.

Aix (29 000 hab.) (sous-préf. des Bouches-du-Rhône), le plus ancien établissement romain en Gaule.

Alais (22 000 hab.) (sous-préf. du dép. du Gard), sur le Gard; centre minier (houille) et métallurgique (forges, fonderies).

Albi (20 000 hab.) (ch.-l. du dép. du Tarn), sur le Tarn. — Distance de Paris : 710 kil.

Amiens (74 000 hab.) (ch.-l. du dép. de la Somme), sur la Somme; centre industriel (filature et tissage de la laine et du coton, fabrication des velours et des tapis). Belle cathédrale ogivale. — Distance de Paris : 131 kil.

Angers (68 000 hab.) (ch.-l. du dép. de Maine-et-Loire), sur la Maine; centre horticole (pépinières) et industriel (ardoises, fabrication de cordages, de toiles à voiles, de machines à vapeur). — Distance de Paris : 306 kil.

Angoulême (33 000 hab.) (ch.-l. du dép. de la Charente), sur la Charente; papeteries; centre agricole. — Distance de Paris : 445 kil.

A *Ruelle*, près d'Angoulême, se trouve une fonderie de canons pour la marine.

Anzin, bourg du département du Nord, ayant moins de 20 000 hab., mais très important par ses mines de houille, les plus considérables de France.

Arles (23 000 hab.) (sous-préf. des Bouches-du-Rhône), port de commerce sur le Rhône; centre agricole.

Armentières (25 000 hab.) (Nord), toiles.

Arras (27 000 hab.) (ch.-l. du Pas-de-Calais), place forte sur la Scarpe; fabrication du sucre de betterave. — Distance de Paris : 192 kil.

Avignon (38 000 hab.) (ch.-l. du dép. de Vaucluse), sur le Rhône; ancienne résidence des Papes. — Distance de Paris : 742 kil.

B

Bastia (20 000 hab.) (sous-préf. de la Corse), port de mer.

Belfort (20 000 hab.) (ch.-l. du territoire de Belfort), place forte. — Distance de Paris : 443 kil.

Besançon (57 000 hab.) (ch.-l. du dép. du Doubs), place forte sur le Doubs; ville industrielle (horlogerie). — Distance de Paris : 407 kil.

Béziers (43 000 hab.) (sous-préf. de l'Hérault), grand commerce de vins et d'eaux-de-vie.

Blois (21 000 hab.) (ch. l. du Loir-et-Cher), sur la Loire. Beau château historique. — Distance de Paris : 178 kil.

Bordeaux (221 000 hab.) (ch.-l. du dép. de la Gironde), grand port marchand sur la Garonne; grand centre pour le commerce des vins; ville industrielle. — Distance de Paris : 578 kil.

Brest (69 000 hab.) (sous-préf. du Finistère), un de nos cinq grands ports militaires, possède une très belle rade.

Boulogne-s.-Mer (45 000 hab.) (sous-préf. du Pas-de-Calais), port marchand et de pêche; commerce très grand avec l'Angleterre.

Boulogne-s.-Seine (26 000 hab.) (dép. de la Seine), centre industriel près de Paris.

Bourges (40 000 hab.) (ch.-l. du Cher), ville industrielle. — Distance de Paris : 232 kil.

C

Caen (42 000 hab.) (ch.-l. du Calvados), port de commerce sur l'Orne; ville savante. — Distance de Paris : 239 kilomètres.

Cambrai (23 000 hab.) (sous-préf. du Nord), sur l'Escaut; ville industrielle (fabriques de toiles, d'étoffes de laine; raffineries.)

Cannes (20 000 hab.) (Alpes-Maritimes), petit port sur la Méditerranée; climat excellent.

Carcassonne (28 000 hab.) (ch.-l. du dép. de l'Aude), sur l'Aude; ville industrielle. — Distance de Paris : 853 kil.

Castres (27 000 hab.) (sous-préf. du Tarn); ville industrielle (draperies).

Cette (36 000 hab.) (Hérault), port important sur la Méditerranée; grand commerce de vins.

Chalon-sur-Saône (22 000 hab.) (sous-préf. de Saône-et-Loire), à une des extrémités du canal du Centre; commerce de produits agricoles.

Châlons-sur-Marne (23 000 hab.) (ch.-l. de la Marne), commerce des vins de Champagne et des laines. — Distance de Paris : 173 kil.

Chambéry (20 000 hab.) (ch.-l. du dép. de la Savoie). — Distance de Paris : 591 kil.

Chartres (21 000 hab.) (ch.-l. d'Eure-et-Loir), sur l'Eure; grand commerce de grains. Belle cathédrale. — Distance de Paris : 87 kil.

Châteauroux (21 000 hab.) (ch.-l. du dép. de l'Indre), sur l'Indre; ateliers de construction et de réparation pour le matériel de guerre. — Distance de Paris : 263 kil.

Cherbourg (36 000 hab.) (sous-préf. de la Manche), un de nos cinq grands ports militaires. Belle digue.

Clermont-Ferrand (43 000 hab.) (ch.-l. du Puy-de-Dôme), ville industrielle. — Distance de Paris : 420 kil.

Clichy (24 000 hab.) (Seine), centre industriel près de Paris.

D

Dieppe (22 000 hab.) (sous-préf. de la Seine-Inférieure), port de commerce et de pêche.

Dijon (55 000 hab.) (ch.-l. de la Côte-d'Or), place forte; centre agricole et commercial (vins de Bourgogne, grains). — Distance de Paris : 315 kilomètres.

Douai (29 000 hab.) (sous-préf. du Nord), place forte sur la Scarpe; fonderie de canons.

Dunkerque (37 000 hab.) (sous-préf. du dép. du Nord), place forte; un des principaux ports de commerce et de pêche de la France.

E

Elbeuf (23 000 hab.) (Seine-Inférieure), sur la Seine; industrie lainière (draps).

G

Grenoble (51 000 hab.) (ch.-l. du dép. de l'Isère), place forte sur l'Isère; fabrication des gants de peau. — Distance de Paris : 628 kil.

L

La Rochelle (22 000 hab.) (ch.-l. de la Charente-Inférieure), port de commerce et place forte. — Distance de Paris : 477 kil.

Laval (30 000 hab.) (ch.-l. du dép. de la Mayenne), sur la Mayenne; centre agricole; fabrication de tissus de toile. — Distance de Paris : 300 kil.

Le Creusot (28 000 hab.) (Saône-et-Loire), grand centre houiller ; possède une des plus vastes usines métallurgiques du monde.

Le Havre (106 000 hab.) (sous-préf. du dép. de la Seine-Inférieure); à l'embouchure de la Seine; le second port de commerce de la France; grand marché du coton et du café; raffineries; constructions navales.

Le Mans (55 000 hab.) (ch.-l. du dép. de la Sarthe), sur la Sarthe ; centre agricole ; fabrication de toiles communes). — Distance de Paris : 211 kil.

Levallois-Perret (30 000 hab.) (Seine), centre industriel près de Paris.

Lille (178 000 hab.) (ch.-l. du dép. du Nord), place forte sur la Deule canalisée ; une des premières villes industrielles de France (filature et tissage du coton, du chanvre et du lin ; construction de locomotives et fonderie de canons à *Fives*, faubourg de Lille). — Distance de Paris : 250 kil.

Limoges (64 000 hab.) (ch.-l. du dép. de la Haute-Vienne), sur la Vienne ; fabriques de porcelaine. — Distance de Paris : 400 kil.

Lorient (38 000 hab.) (sous-préf. du Morbihan), un de nos cinq grands ports militaires.

Lyon (377 000 hab.) (ch.-l. du dép. du Rhône), grand camp retranché au confluent de la Saône et du Rhône; grand centre de la fabrication des étoffes de soie. — Distance de Paris : 507 kil.

M

Mâcon (20 000 hab.) (ch.-l. de Saône-et-Loire), sur la Saône; centre agricole. — Distance de Paris : 440 kil.

Marseille (360 000 hab.) (ch.-l. des Bouches-du-Rhône), sur la Méditerranée; le premier port de commerce de la France et un des plus grands du monde ; commerce du blé; industrie active (savon, bougies, raffineries, constructions navales). — Distance de Paris : 833 kil.

Montauban (28 000 hab.) (ch.-l. du dép. de Tarn-et-Garonne), sur le Tarn; commerce de produits agricoles. — Distance de Paris : 720 kil.

Montluçon (26 000 hab.) (sous-préf. de l'Allier), sur le Cher; ville industrielle (forges, manufacture de glaces).

Montpellier (56 000 hab.) (ch.-l. de l'Hérault), centre de commerce pour les eaux-de-vie. — Distance de Paris : 772 kil.

Moulins (21 000 hab.) (ch.-l. du dép. de l'Allier), sur l'Allier; ville industrielle (coutellerie, fabrication de tissus). — Distance de Paris : 313 kilomètres.

N

Nancy (73 000 hab.) (ch.-l. du dép. de Meurthe-et-Moselle), sur la Meurthe et sur le canal de la Marne au Rhin; ville industrielle; école forestière. — Distance de Paris : 353 kil.

Nantes (124 000 hab.) (ch.-l. du dép. de la Loire-Inférieure), grand port de commerce sur la Loire; raffineries; fabriques de conserves alimentaires; constructions navales. — Distance de Paris : 395 kil.

A *Indret*, près de Nantes, sont établis des ateliers pour la marine.

Narbonne (28 000 hab.) (sous-préf. de l'Aude), grand commerce de vins et d'eaux-de-vie.

Neuilly-sur-Seine (25 000 hab.) (dép. de la Seine), centre industriel près de Paris.

Nevers (24 000 hab.) (ch.-l. du dép. de la Nièvre), au confluent de la Nièvre et de la Loire; ville industrielle (fabrication de faïences, de câbles pour la marine). — Distance de Paris : 253 kil.

A *Guérigny*, non loin de Nevers, se trouvent les forges de *la Chaussade*, qui travaillent pour la marine.

Nice (66 000 hab.) (ch.-l. des Alpes-Maritimes), port marchand sur la Méditerranée. — Distance de Paris : 1 055 kil.

Nîmes (63 000 hab.) (ch.-l. du Gard), ville industrielle (fabrication de tissus de soie, de tapis). Anciens monuments romains. — Distance de Paris : 723 kil.

Niort (22 000 hab.) (ch.-l. des Deux-Sèvres), sur la Sèvre niortaise. — Distance de Paris : 410 kil.

O

Orléans (57 000 hab.) (ch.-l. du Loiret), sur la Loire; fabrication de couvertures de laine. — Distance de Paris : 121 kil.

P

Paris (ch.-l. du dép. de la Seine et capitale de la France) (2 millions 300 000 hab.), sur la Seine; la ville la plus peuplée de l'univers après Londres; grand camp retranché; industrie et commerce immenses.

Pau (30 000 hab.) (ch.-l. des Basses-Pyrénées), commerce de chevaux et de mulets. — Distance de Paris : 811 kil.

Périgueux (26 000 hab.) (ch.-l. de la Dordogne), sur l'Isle; commerce de produits agricoles. — Distance de Paris, 499 kil.

Perpignan (32 000 hab.) (ch.-l. des Pyrénées-Orientales), place forte sur la Têt. — Distance de Paris : 934 kil.

Poitiers (36 000 hab.) (ch.-l. de la Vienne), sur le Clain; centre agricole (minoteries). — Distance de Paris : 332 kil.

R

Reims (94 000 hab.) (sous-préf. de la Marne), place forte; grand centre pour le commerce des vins de Champagne; industrie lainière (flanelles et mérinos). Belle cathédrale.

Rennes (61 000 hab.) (ch.-l. du dép. d'Ille-et-Vilaine), au confluent de l'Ille et de la Vilaine. — Distance de Paris : 373 kil.

Roanne (25 000 hab.) (sous-préf. du dép. de la Loire), sur la Loire; ville industrielle (cotonnades).

Rochefort (28 000 hab.) (sous-préf. de la Charente-Inférieure), sur la Charente; un de nos cinq grands arsenaux maritimes.

Roubaix (91 000 hab.) (dép. du Nord), grand centre pour l'industrie des tissus de laine et de coton; tapis.

Rouen (106 000 hab.) (ch.-l. du dép. de la Seine-Inférieure), port de commerce sur la Seine; grand centre de la filature et du tissage du coton (rouenneries). Beaux monuments anciens. — Distance de Paris : 136 kil.

S

Saint-Denis (44 000 hab.) ch.-l. d'arrondissement du dép. de la Seine), sur la Seine; ville industrielle.

Saint-Étienne (124 000 hab.) (ch.-l. du dép. de la Loire), au centre d'un bassin houiller important; ville très industrielle (fabrication de rubans de soie, d'armes). — Distance de Paris : 502 kil.

Saint-Nazaire (20 000 hab.) (sous-préf. de la Loire-Inférieure), port à l'embouchure de la Loire.

Saint-Omer (22 000 hab.) (sous-préf. du Pas-de-Calais), tissage de la laine.

Saint-Pierre-lez-Calais (32 000 hab.) (Pas-de-Calais), fabrication de tulles; est situé à 3 kilomètres de **Calais**, place forte et port de mer.

Saint-Quentin (46 000 hab.) (sous-préf. du dép. de l'Aisne), sur la Somme; ville industrielle (fabrication de tissus de laine, de coton et de lin).

Sedan (20 000 hab.) (sous-préf. des Ardennes), sur la Meuse; industrie lainière (draps).

T

Tarbes (23 000 hab.) (ch.-l. des Hautes-Pyrénées), sur l'Adour; ateliers de construction pour le matériel de guerre. — Distance de Paris : 803 kil.

Toulon (70 000 hab.) (sous-préf. du Var), un de nos cinq grands ports militaires.

Toulouse (140 000 hab.) (ch.-l. du dép. de la Haute-Garonne), sur la Garonne; grand entrepôt commercial; ville industrielle; nombreux établissements d'instruction. — Distance de Paris : 751 kil.

Tourcoing (52 000 hab.) (dép. du Nord), grand centre industriel (filature et tissage du coton et de la laine).

Tours (52 000 hab.) (ch.-l. du dép. d'Indre-et-Loire), sur la Loire; fabrication d'étoffes de soie pour meubles. — Distance de Paris : 234 kil.

Troyes (46 000 hab.) (ch.-l. du dép. de l'Aube), sur la Seine; centre industriel (indiennes et bonneterie). — Distance de Paris : 166 kil.

V

Valenciennes (28 000 hab.) (sous-préf. du Nord), place forte sur l'Escaut; ville industrielle (fabrication de toiles fines, de sucre de betterave).

De Valenciennes à la frontière belge, nombreuses houillères et usines pour le travail du fer.

Vannes (20 000 hab.) (ch.-l. du Morbihan), petit port. — Distance de Paris : 471 kil.

Versailles (48 000 hab.) (ch.-l. de Seine-et-Oise), palais et parc de Louis XIV. — Distance de Paris : 18 kil.

Vienne (26 000 hab.) (sous-préf. de l'Isère), sur le Rhône; industrie lainière (draps).

Vincennes (21 000 hab.) (Seine), centre industriel près de Paris.

EUROPE PHYSIQUE

(Suivre sur la carte, page 29.)

ÉTENDUE, SITUATION, CONTOURS

440. Étendue. — L'Europe (10 millions de kilomètres carrés) est un peu plus *grande* que l'Océanie, mais elle est *trois fois* plus *petite* que l'Afrique et *quatre fois* plus *petite* que le continent américain ou que l'Asie (voir le planisphère, p. 20).

441. Situation. — L'Europe est située presque en entier entre le tropique du Cancer et le cercle polaire Arctique, c'est-à-dire dans la **zone tempérée du nord**; elle jouit donc d'un climat où il n'y a ni excès de chaud, ni excès de froid.

442. Contours. — Si l'on part de l'extrémité nord-est de la Russie et que l'on suive les **côtes très découpées** de l'Europe, on rencontre successivement : la mer de *Kara*, — les îles glacées de la *Nouvelle-Zemble*, de *Vaïgatch* et de *Kalgouev*, appartenant à la Russie, — l'océan *glacial Arctique* et la mer *Blanche*, gelés une grande partie de l'année. — On double ensuite le cap *Nord*, ainsi nommé parce qu'il se trouve au nord du continent européen, et on passe devant les nombreux archipels *norvégiens*, dont le plus important est celui des *Lofoden*.

443. Entre la péninsule *scandinave* (Suède et Norvège) et la presqu'île danoise du *Jutland* se trouvent les détroits du *Skager-Rak*, du *Cattégat*, du *Sund*, qui font communiquer la mer du Nord avec la Baltique, grande mer intérieure.

On rencontre ensuite l'archipel danois, dont la plus importante île est *Seeland*, — l'île suédoise de *Gottland*, — les îles d'*Œsel* et de *Dagœ* (à la Russie), — les golfes russes de *Riga* et de *Finlande*, et enfin le golfe de *Bothnie*, qui pénètre profondément dans les terres de Suède et de Russie.

444. Au nord de l'océan **Atlantique** est l'*Islande*, grande île danoise située tout près de l'Amérique, mais qui appartient à l'Europe par ses végétaux et ses animaux.

Entre l'océan Atlantique et la mer du **Nord** s'étend l'archipel **Britannique**, dont les deux plus grandes îles sont la *Grande-Bretagne* et l'*Irlande*.

445. La mer du Nord communique avec l'océan Atlantique par le détroit resserré du *Pas de Calais* et par le bras de mer qu'on appelle la *Manche*.

A partir de la pointe *Saint-Mathieu*, extrémité ouest de la France, on rencontre le golfe de *Gascogne*, creusé par l'océan Atlantique sur les côtes de France et d'Espagne, — la péninsule *hispanique* (Espagne et Portugal), qui projette sur l'océan Atlantique les caps *Finisterre* et *Saint-Vincent*.

446. Le détroit de *Gibraltar* fait communiquer l'océan Atlantique avec **la Méditerranée**, grande mer intérieure où l'on rencontre les îles espagnoles des *Baléares*, — le golfe du *Lion*, sur les côtes de France, — le golfe de *Gênes*, sur les côtes d'Italie, — l'île de *Corse*, qui est un des 86 départements français.

Europe physique. ÉTENDUE, SITUATION, CONTOURS. — **440.** Quelle est l'étendue de l'Europe par rapport aux autres parties du monde? — **441.** Dans quelle zone terrestre l'Europe est-elle située? — **442.** Décrivez les côtes de l'Europe de la mer de Kara au détroit du Skager-Rak. — **443.** du détroit du Skager-Rak au golfe de Bothnie. — **444.** Citez les grandes îles de l'océan Atlantique qui font partie de l'Europe. — **445.** Décrivez les côtes de l'Europe du détroit du Pas de Calais au cap Saint-Vincent. — **446.** Décrivez les côtes du détroit de Gibraltar au phare de Messine.

Au sud de l'île de Corse et séparée d'elle par le détroit de *Bonifacio*, se trouve la *Sardaigne*, grande île qui appartient à l'Italie.

On pénètre ensuite dans la mer *Tyrrhénienne* et l'on passe par le détroit ou phare de *Messine*, qui sépare l'île de *Sicile* de la péninsule *italique*. Au sud de la Sicile se trouve la petite île de Malte, qui appartient aux Anglais.

447. Après avoir traversé le détroit de Messine, on rencontre la mer *Ionienne*, — les îles *Ioniennes* (à la Grèce), — le golfe de *Tarente*, sur les côtes d'Italie, — le canal d'*Otrante*, — la mer *Adriatique*, — la péninsule des *Balkans* (Turquie et Grèce).

448. Après avoir doublé le cap *Matapan*, situé au sud de la presqu'île grecque de *Morée*, on trouve l'île turque de *Candie*, — la mer de l'*Archipel*, avec ses innombrables îles et îlots, — le détroit des *Dardanelles*, — la petite mer de *Marmara*, — le détroit de *Constantinople* ou *Bosphore*, — la mer *Noire*, — la presqu'île russe de *Crimée*, — la petite mer d'*Azov*.

449. A l'est de la mer Noire et de l'autre côté de l'isthme du Caucase, qui unit l'Europe à l'Asie, se trouve la mer *Caspienne*, le plus grand lac salé du globe, dont les eaux sont à un niveau inférieur à celui des autres mers.

RELIEF DU SOL

450. **Plaines**. — En Europe, la **région des plaines** (celle qui a moins de 500 mètres audessus du niveau de la mer) occupe une *étendue* beaucoup plus *considérable* que la région des montagnes.

Si le niveau de la mer s'élevait de 500 mètres, les eaux couvriraient toute la partie (pays de plaines) laissée en *blanc* sur la carte en regard ; la partie teintée en *bistre* (pays de montagnes) se dresserait seule au-dessus des flots.

451. Les **plaines** occupent une plus ou moins grande partie de la France, des îles Britanniques, de la Belgique, de l'Allemagne, de la Suède, de la Roumanie, de la Russie, — la totalité de la Hollande, et du Danemark.

Il faut ajouter à ces plaines celle du *Pô* en Italie et la grande plaine *hongroise* dans l'Europe centrale.

452. **Plateaux**. — Les grands **plateaux** d'Europe sont : le plateau norvégien, — le plateau d'Espagne, — le plateau de Turquie.

453. **Montagnes**. — Les principales **montagnes** d'Europe, celles dont les sommets dépassent 2 000 mètres, sont : les **Alpes**, les **Pyrénées** et les *sierras*[1] *espagnoles*, les *Balkans*, les *Apennins*, les *Karpathes*, les Alpes *Scandinaves*.

454. **Alpes**. — Les **Alpes** s'étendent en demi-cercle du golfe de Gênes (Italie) à Vienne (Autriche); elles ont une longueur de **1 200** kilomètres environ et leurs *sommets* sont les plus élevés des montagnes d'Europe.

1. *Sierra*, mot espagnol qui veut dire *montagne*.

455. Parmi ces sommets, il faut citer le **mont Blanc** (4810 mètres), sur la frontière de France, — le mont *Rose*, — le mont *Cervin*.

Les parties élevées des Alpes sont couvertes de *neiges perpétuelles* et de *glaciers* immenses. Les grandes *vallées* des Alpes sont dirigées de l'*est* à l'*ouest*.

456. **Le Saint-Gothard**, situé vers le milieu des Alpes, est moins élevé que le mont Blanc, le mont Rose ou le mont Cervin, mais il a une bien *plus grande importance* car c'est dans ce massif que prennent *naissance* le **Rhin**, le **Rhône** et le *Tessin*, grand affluent du **Pô**. En outre, le Saint-Gothard est percé d'un *tunnel* qui sert de passage entre l'Allemagne et l'Italie.

457. **Pyrénées**. — Les **Pyrénées** s'étendent de l'océan Atlantique à la mer Méditerranée; elles forment, entre la France et l'Espagne, une muraille formidable de 450 kilomètres de long.

458. Le point culminant des Pyrénées se trouve en Espagne, près des sources de la Garonne. C'est le pic de *Néthou* (3404 mètres), dans le massif de la Maladetta.

459. **Sierras espagnoles**. — Les *sierras espagnoles* sont des massifs qui se dressent sur le plateau d'Espagne ; le plus important de ces massifs est la *sierra Nevada* (3550 mètres).

460. **Balkans**. — Les *Balkans* couvrent toute la Turquie d'Europe et envoient un rameau en Grèce.

461. **Apennins**. — Les *Apennins* peuvent être considérés comme un grand rameau des Alpes; ils partent du golfe de Gênes et parcourent l'Italie dans toute sa *longueur*.

462. **Karpathes**. — Les *Karpathes* forment un demi-cercle à l'est de la grande plaine hongroise; les parties les plus élevées de cette chaîne sont le massif du Tatra, au nord, et les Alpes de Transylvanie, au sud.

463. **Alpes Scandinaves**. — Les *Alpes Scandinaves* sont le nom générique donné au plateau norvégien; elles comprennent les monts *Kiœlen* et les monts *Dofrines* (ou Dovre-Field).

464. **Montagnes secondaires de l'Europe**. — Les montagnes secondaires de l'Europe sont : le *Massif central de France*, — le *Jura*, sur la frontière de France et de Suisse, — les *Vosges*, sur la frontière de France et d'Alsace, — les monts de la *Forêt-Noire*, parallèles aux Vosges, — les monts de *Bohême*, qui étayent le plateau de Bohême, — les monts d'*Écosse* (Grande-Bretagne).

Ces différentes montagnes ont de 1300 à 1900 mètres d'altitude.

465. **Monts Ourals et Caucase**. — Ces deux chaînes de montagnes ont un versant en Europe et un versant en Asie. Le mont *Elbrouz*, dans le *Caucase* atteint 5647 mètres de hauteur; — les monts *Ourals* ont près de 1700 mètres à leur partie la plus élevée.

466. **Volcans**. — Les **volcans** les plus célèbres de l'Europe sont : le *Vésuve* et l'*Etna* (en Italie), — l'*Hécla* (en Islande).

COURS D'EAU ET LACS

467. **Navigabilité**. — L'Europe n'a pas de cours d'eau aussi longs que ceux des autres parties du monde, mais ils se prêtent bien, en général, à la *navigation*.

468. **Partage des eaux**. — Il n'y a pas en Europe une ligne *ininterrompue* de collines et de montagnes formant le *partage des eaux*. Dans les pays de plaines, les eaux se dirigent sans *raison apparente* tantôt au nord, tantôt au sud; dans les pays où il y a du relief, il arrive que les cours d'eau *percent* les montagnes au lieu de les tourner.

469. **Versants**. — Les cours d'eau de l'Europe suivent, de leur source à leur embouchure, trois grandes **pentes** qui aboutissent soit à l'océan glacial Arctique et à la mer Blanche qui en dépend, — soit à l'océan *Atlantique* et aux mers qu'il forme (mer Baltique, mer du Nord, Manche), — soit à la *Méditerranée* et aux mers auxquelles elle donne naissance (mer Adriatique, mer Noire, mer d'Azov).

La *Caspienne*, grande mer fermée, reçoit aussi quelques fleuves importants.

470. **Versant de l'océan glacial Arctique**. — L'océan glacial Arctique, reçoit la *Petchora*, fleuve russe. — La mer Blanche reçoit la *Dvina* qui coule en Russie.

471. **Versant de l'Atlantique**. — La mer Baltique reçoit la *Néva*, fleuve court et large qui arrose Saint-Pétersbourg (Russie), — la *Duna*, fleuve russe qui se jette dans le golfe de Riga, — le *Niémen* et la *Vistule* qui ont une partie de leur cours en Russie et leur embouchure en Allemagne — l'*Oder*, fleuve allemand.

472. La mer du Nord reçoit **la Tamise**, qui baigne Londres, le deuxième port de commerce de l'Angleterre et du monde, — l'*Elbe*, qui passe à Hambourg, le grand port de l'Allemagne, — le *Weser*, fleuve allemand, — le *Rhin*, fleuve très important[1], — la *Meuse* et l'*Escaut*, qui arrosent la France, la Belgique et la Hollande.

473. La mer de la Manche reçoit **la Seine**.

474. L'océan Atlantique reçoit **la Loire**, la **Garonne**, fleuves français, — le *Douro*, le *Tage*, le *Guadiana*, fleuves qui baignent l'Espagne et le Portugal, — le *Guadalquivir*, fleuve espagnol.

475. **Versant de la Méditerranée**. — La mer Méditerranée reçoit l'*Èbre*, fleuve espagnol, — le **Rhône** qui sort des Alpes et baigne la Suisse et la France, — le *Tibre* qui passe à Rome (Italie).

476. La mer Adriatique reçoit le **Pô** qui arrose la riche plaine du Pô ou de Lombardie.

477. La mer Noire reçoit le **Danube**[2], fleuve très important, — le *Dniestr*, qui baigne l'Autriche-Hongrie et la Russie, — le *Dniépr*, grand fleuve russe.

1. Voir n° 480 pour plus de détails sur le cours du Rhin.
2. Voir n° 483 pour plus de détails sur le cours du Danube.

447. Décrivez les côtes du phare de Messine au cap Matapan. — **448**. du cap Matapan à la mer d'Azov. — **449**. Parlez de la mer Caspienne.

Relief du sol. PLAINES, PLATEAUX, MONTAGNES, VOLCANS. — **450**. Quelle est l'étendue occupée en Europe par la région des plaines ? — **451**. Quelles sont les parties de l'Europe occupées par les plaines ? — **452**. Quels sont les grands plateaux d'Europe ? — **453**. Quelles sont les principales montagnes d'Europe (celles dont les sommets dépassent 2 000 mètres). — **454**. Sur quelle longueur s'étendent les Alpes ? — **455**. Citez les principaux sommets des Alpes. — **456**. Parlez du Saint-Gothard. — **457**. Où s'étendent les Pyrénées ? — **458**. Quel est le pic le plus élevé des Pyrénées ? — **459**. Parlez des sierras espagnoles. — **460**. des Balkans. — **461**. des Apennins. — **462**. des Karpathes. — **463**. des Alpes Scandinaves. — **464**. Quelles sont les montagnes secondaires de l'Europe? — **465**. Parlez des monts Ourals et du Caucase. — **466**. Citez trois volcans de l'Europe.

Cours d'eau et lacs. NAVIGABILITÉ, PARTAGE DES EAUX, VERSANTS. — **467**. Qu'est-ce qui caractérise surtout les cours d'eau de l'Europe ? — **468**. La ligne du partage des eaux est-elle bien indiquée en Europe ?

469. Quelles sont les trois grandes pentes que suivent les cours d'eau de l'Europe ? — **470**. Quel est le fleuve russe qui se jette dans l'océan glacial Arctique ? — Quel est le fleuve russe qui se jette dans la mer Blanche ? — **471**. Quels sont les cours d'eau qui se jettent dans la mer Baltique ?

472. Quels sont les cours d'eau qui se jettent dans la mer du Nord ? — **473**. Quel est le fleuve qui a son embouchure dans la Manche ? — **474**. Quels sont les fleuves qui se jettent dans l'Atlantique ? — **475**. dans la mer Méditerranée? — **476**. dans la mer Adriatique ? — **477**. dans la mer Noire ?

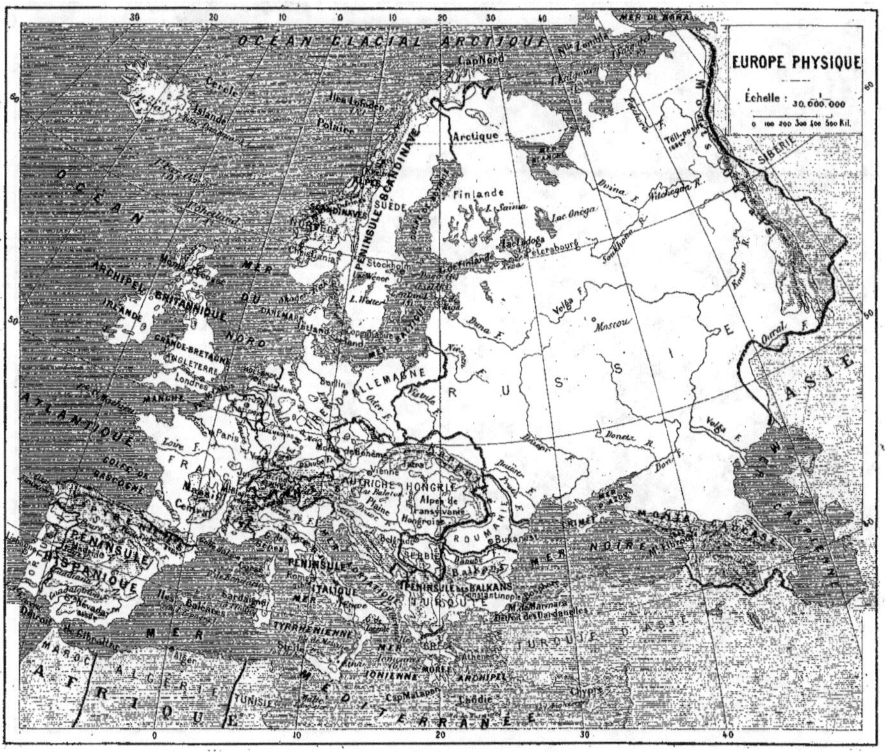

478. La mer d'Azov reçoit le *Don*, grand fleuve russe qui a le *Donetz* pour affluent.

479. Mer Caspienne. — La mer Caspienne reçoit le *Volga*, le plus long fleuve d'Europe (3 800 kil.) et l'*Oural*. Ces deux cours d'eau ont tout leur cours en Russie.

480. Bassin du Rhin (suivre sur la carte, page 33). — Le Rhin (1 350 kil.) a ses sources dans les Alpes, au massif du *Saint-Gothard* et se jette dans la mer du *Nord* par de nombreux bras.

481. Le Rhin a pour affluent de droite le *Main*, et pour affluents de gauche : 1° l'*Aar* qui lui apporte les eaux des Alpes, 2° l'*Ill* qui descend du Jura, 3° la *Moselle* qui a sa source dans les Vosges.

482. Le Rhin traverse le lac de *Constance*, baigne Bâle (Suisse), passe tout près de Strasbourg (Alsace) et arrose *Mayence*, *Coblence*, *Cologne*, *Dusseldorf* (Allemagne), *Utrecht* (Hollande).

Le Rhin n'arrose plus aucune terre française.

483. Bassin du Danube. — Le Danube (2 800 kil.) prend sa source dans les montagnes de la *Forêt-Noire* et se jette dans la mer *Noire* par trois bras qui forment un delta.

484. Le Danube a pour principaux affluents de droite : la *Theiss* et le *Pruth*, qui descendent des Karpathes; — pour affluents de gauche : l'*Inn*, la *Drave* et la *Save*, qui lui amènent les eaux des Alpes.

485. Le Danube baigne plusieurs capitales d'États : *Vienne* (Autriche), — *Buda-Pest* (Hongrie), — *Belgrade* (Serbie).

486. Lacs. — Les principaux lacs d'Europe sont (cartes p. 29 et 33) les lacs *Ladoga*, *Onéga* et les innombrables lacs de *Finlande* dans l'empire de Russie, — le lac *Wéner*, en Suède, — les lacs de l'*Irlande*, — le lac *Balaton*, en Hongrie, — les lacs situés sur les versants des Alpes et dont les plus importants sont : le lac de *Genève* ou *Léman*, le lac de *Constance*, le lac *Majeur*.

EUROPE POLITIQUE

(Suivre sur les cartes p. 30 et 33.)

DIVISION GÉNÉRALE

487. L'Europe est divisée en **18 États** dont un à l'est, — deux au nord, — deux à l'ouest, — cinq au centre, — huit au sud.

488. L'État situé à l'**Est** de l'Europe est la *Russie*, capitale Saint-Pétersbourg.

---

478 et 479. Quels sont les fleuves qui se jettent dans la mer d'Azov et dans la mer Caspienne ?
480. Bassin du Rhin. — Où le Rhin prend-il naissance ? — Où se jette-t-il ? — 481. Quels sont les principaux affluents du Rhin ? — 482. Citez quelques villes arrosées par le Rhin.
483. Bassin du Danube. — Où le Danube prend-il naissance ? — Où se jette-t-il ? — 484. Quels sont les principaux affluents du Danube ? — 485. Citez quelques capitales d'États arrosées par le Danube.
486. Lacs. — Citez quelques-uns des lacs importants de l'Europe.
Europe politique. Division générale. — 487. En combien d'États l'Europe est-elle divisée ? — 488. Quel est l'État situé à l'est de l'Europe ?

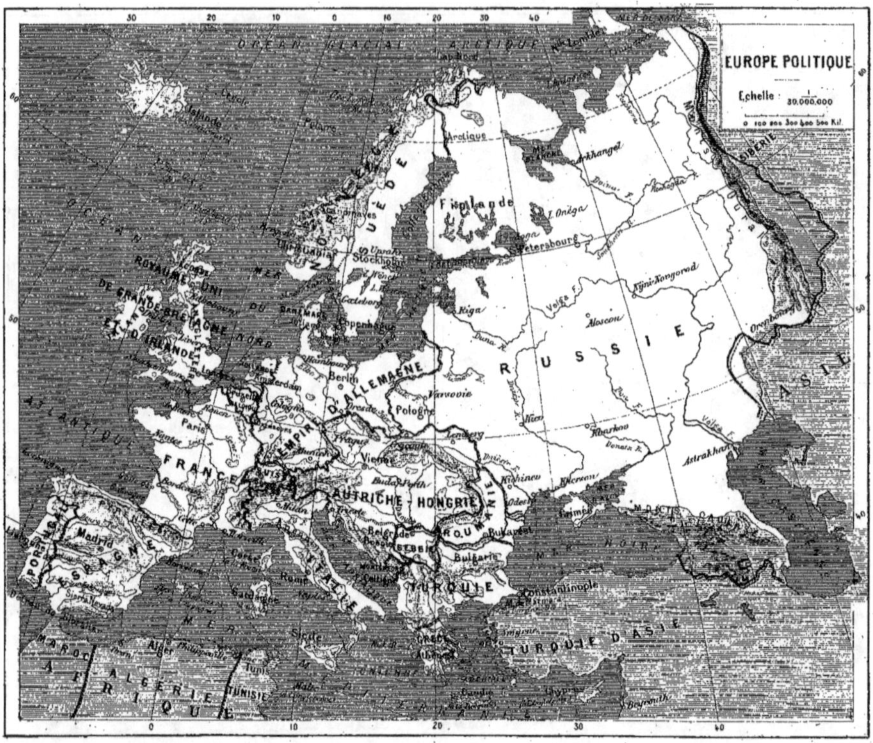

489. Les deux États situés au **Nord** de l'Europe sont : 1° la *Suède*, capitale Stockholm et la *Norvège*, capitale Christiania, qui forment un seul royaume, 2° le *Danemark*, capitale Copenhague.

La Suède, la Norvège, le Danemark sont désignés souvent sous le nom d'*États Scandinaves*.

490. Les deux États situés à l'**Ouest** de l'Europe sont : la **France**, capitale Paris, — le *Royaume-Uni de Grande-Bretagne et d'Irlande*, capitale Londres.

Le Royaume-Uni de Grande-Bretagne et d'Irlande est souvent désigné sous le nom d'*Angleterre* ou encore d'*Iles Britanniques*.

491. Les cinq États de l'Europe **centrale**, sont : la *Belgique*, capitale Bruxelles, — la *Hollande*, capitale Amsterdam, — l'empire d'*Allemagne*, capitale Berlin, — l'*Autriche-Hongrie* capitale Vienne, — la *Suisse*, capitale Berne.

492. Les huit États situés au **Sud** de l'Europe sont : le *Portugal*, capitale Lisbonne, — l'*Espagne*, capitale Madrid, — l'*Italie*, capitale Rome, — la *Serbie*, capitale Belgrade, — la *Roumanie*, capitale Bukarest, — le *Monténégro*, capitale Cettigné, — la *Turquie d'Europe*, capitale Constantinople, — la *Grèce*, capitale Athènes.

La France, l'empire d'Allemagne, l'Angleterre, la Russie, l'Autriche-Hongrie, l'Italie, disposent de forces militaires considérables et ont, par conséquent, une grande influence politique. On donne quelquefois le nom de *grandes puissances* à ces six États.

RUSSIE D'EUROPE

Superficie : 5 millions 1/2 de kilomètres carrés (la moitié de l'Europe). — *Population :* 90 millions d'habitants.

493. La **Russie d'Europe** comprend la *Russie* proprement dite, la *Pologne*, la *Finlande*, et les pays situés au nord du Caucase.

494. La Russie d'Europe n'est qu'une partie de l'**Empire russe**, qui comprend encore la *Russie d'Asie* (Sibérie, possessions dans l'Asie centrale Transcaucasie, Arménie russe).

La superficie totale de l'Empire russe (Russie d'Europe et Russie d'Asie) est plus du double de celle de l'Europe; la population atteint près de 100 millions d'hab.

495. La Russie d'Europe est un pays *plat*, excepté dans les régions de l'Oural et du Caucase.

Les *cours d'eau* et les *lacs* y sont nombreux et importants.

496. Les principales productions de la Russie sont le **blé**, le *lin*, le *chanvre*.

La Russie possède aussi de nombreux *bestiaux*, de vastes *forêts*, des gisements considérables de *houille*, des mines de *pétrole* (dans la région du Caucase), des mines *d'or* (dans les monts Ourals).

497. La capitale de la Russie est **Saint-Pétersbourg** (880 000 habitants), sur la Néva.

Les autres villes importantes sont : **Moscou**, ancienne capitale de l'Empire, — VARSOVIE,

---

489. Quels sont les États situés au nord de l'Europe? — 490. à l'ouest? — 491. au centre? — 492. au sud? RUSSIE D'EUROPE, SUÈDE ET NORVÈGE. — 493. Quelles sont les régions comprises dans la Russie d'Europe? — 494. Quelles sont les régions qui font partie de l'Empire russe? — 495. Parlez du relief du sol et des cours d'eau de la Russie. — 496. Quelles sont les principales productions de la Russie? — 497. Quelles sont les villes principales de la Russie d'Europe?

France (pour comparaison) : **Sup.** : 529 000 kil. car. — **Pop.** : 38 mill. d'h. — **Commerce extérieur** : 9 milliards. — **Pop. des colonies et pays protégés** : 27 millions d'h.

sur la Vistule, ancienne capitale du royaume de Pologne[1], — ODESSA, grand port de commerce sur la mer Noire, — RIGA, port de commerce sur la Baltique à l'embouchure de la Duna, — KHERSON et KIEV, sur le Dniépr, — KICHINEV, au nord-ouest d'Odessa, — KHARKOV, dans la vallée du Donetz.

SUÈDE ET NORVÈGE

Sup. : 776 000 kilomètres carrés. — *Pop.* : 6 millions 1/2 d'habitants.

498. La **Suède** et la **Norvège** sont deux États qui ont chacun leur constitution politique *particulière*, mais qui sont gouvernés par le *même roi*.

499. La péninsule *Scandinave* (Suède et Norvège), est un *plateau* qui se dresse à pic le long de l'Atlantique et qui s'abaisse du côté du golfe de Bothnie et de la mer Baltique. Des golfes profonds et étroits, appelés *fiords* découpent les côtes de la Norvège; de nombreux *cours d'eau* et *lacs* (lacs Wéner, *Wetter*, Mœlar) arrosent la Suède.

500. Le **fer** de la Suède, les **bois** de construction de la Norvège sont les principaux produits de la péninsule Scandinave, d'ailleurs peu fertile. La **marine marchande** de la Norvège, composée surtout de voiliers, est une des premières du monde.

501. La capitale de la Suède est **Stockholm** (180 000 habitants), port militaire et marchand entre le lac Mœlar et la mer Baltique. — Les autres villes importantes de la Suède sont : *Gœteborg*, *Malmœ*, *Upsala*.

Les villes principales de la Norvège sont : **Christiania**, capitale du royaume et les deux ports d'*Arendal* et de *Bergen*.

DANEMARK

Sup. : environ 38 000 kilomètres carrés. — *Pop.* : 2 millions d'habitants (un peu moins que Paris).

502. Le royaume de **Danemark** comprend la petite presqu'île du *Jutland* et l'archipel danois dont la principale île est *Seeland*.

L'île de Seeland est séparée de la Suède par le *Sund*, détroit tellement resserré qu'il ressemble à un canal artificiel. — Le Sund commande l'entrée de la Baltique.

503. La principale ressource du pays est l'*élevage des bestiaux*.

504. La seule ville considérable du Danemark est **Copenhague**, capitale du royaume, port militaire et marchand dans l'île de Seeland.

L'*Islande*, grande île volcanique située au nord-ouest de l'Europe et la terre polaire du *Groenland* (Amérique du Nord), appartiennent au Danemark.

ROYAUME-UNI de GRANDE BRETAGNE ET D'IRLANDE

Sup. : 315 000 kilomètres carrés. — *Pop.* : environ 35 millions 1/2 d'habitants.

505. Le **Royaume-Uni** de **Grande-Bretagne et d'Irlande** est appelé le plus souvent *Angleterre*, du nom de la région méridionale de la Grande-Bretagne.

1. Ce royaume a été partagé à la fin du siècle dernier entre la Russie, la Prusse et l'Autriche.

La région septentrionale de la Grande-Bretagne est l'*Écosse*.

506. La Grande-Bretagne est *montagneuse* au nord et à l'ouest; elle est *plate* à l'est et au sud. Les *cours d'eau* ont peu de longueur, mais ils sont *navigables* et ils arrosent des **villes très importantes**.

507. Le climat humide de l'Angleterre se prête mal à la culture du blé, mais il convient parfaitement aux prairies et par conséquent à l'*élevage des bestiaux*. Le sol renferme des mines de **houille** et de **fer** très productives.

508. L'Angleterre est la première nation du globe pour l'**industrie** et le **commerce**. C'est elle aussi qui a la plus **forte marine** militaire et marchande.

509. La capitale de l'Angleterre est **Londres**, sur la Tamise. C'est la ville la plus peuplée de l'univers (près de 4 millions d'habitants), et le deuxième port de commerce du monde.

Le premier port de commerce de l'Angleterre et du globe est **Liverpool** ; sa flotte de commerce a un tonnage qui dépasse de moitié celui de toute la marine marchande de la France.

510. Les autres villes remarquables de l'**Angleterre** sont : **Birmingham**, centre métallurgique, — **Manchester**, centre de l'industrie cotonnière, — LEEDS, centre de l'industrie lainière (draps), — SHEFFIELD, centre pour la coutellerie, — BRISTOL, port de commerce, — BRADFORD, industrie lainière, — HULL, port de commerce sur la mer du Nord, — NOTTINGHAM, industrie du coton et des cuirs, — STOKE-SUR-TRENT, centre de l'industrie céramique (faïences et porcelaines). — NEWCASTLE et SUNDERLAND, ports très importants pour l'exportation de la houille.

511. Les villes remarquables de l'**Écosse** sont **Glasgow**, le port de commerce le plus important après Liverpool et Londres, construction de navires, — EDIMBOURG, capitale de l'Écosse.

Les villes importantes de l'Irlande sont DUBLIN, capitale de l'Irlande, — BELFAST, grand port et centre pour l'industrie du lin.

Les colonies anglaises ont une superficie double de celle de l'Europe et une population qui atteint 215 millions d'habitants. Les principales de ces colonies sont :

En Amérique : la *Puissance du Canada*, — le *Honduras anglais*, — quelques-unes des *Antilles* (la Jamaïque), — la *Guyane anglaise*.

En Afrique : des établissements sur la *côte occidentale*, — quelques *îles* (Sainte-Hélène, Maurice), — la colonie du *Cap*. — Les Anglais ont aussi l'*Egypte*, sous leur protectorat.

En Asie : *Chypre*, — l'*Inde*, — les établissements du détroit de *Malacca*, — l'île de *Hong-Kong*, sur les côtes de Chine.

En Océanie : l'*Australie*, — la *Nouvelle-Zélande*, — la *Tasmanie*.

En Europe : la forteresse de *Gibraltar*, au sud de l'Espagne, — l'île de *Malte*, au sud de la Sicile.

BELGIQUE

Sup. : environ 30 000 kilomètres carrés. — *Pop.* : 5 millions 1/2 d'habitants.

512. La **Belgique** est un royaume dont le sol, généralement *plat*, est bien *arrosé* par les cours d'eau.

513. La Belgique est très bien *cultivée* ; elle possède aussi des mines de *houille* très productives.

514. La capitale est **Bruxelles** (165 000 habitants). — Les autres villes importantes sont : ANVERS, sur l'Escaut, port de commerce important, — GAND, centre de l'industrie du coton et du lin, — LIÈGE, fabrication d'armes, — *Bruges* et *Malines*, centre de la fabrication des dentelles, — *Verviers* (carte p. 23), industrie lainière (draps, flanelles), — *Namur*, ville industrielle, — *Seraing*, tout près de Liège, possède un des plus grands établissements métallurgiques du monde, — *Mons* et *Charleroi*, centres houillers.

HOLLANDE

Sup. : 33 000 kilomètres carrés. — *Pop.* : 4 millions d'habitants.

515. Le royaume de **Hollande** ou des **Pays-Bas**, qui porte aussi le nom de *Néerlande*, est une région *plate*, dont quelques parties (les *polders*) sont si basses qu'on doit les protéger par des *digues* contre l'envahissement de la mer.

516. Les Hollandais s'occupent surtout d'*agriculture* et de *navigation*.

517. La capitale commerciale de la Hollande est **Amsterdam** (330 000 habitants). — Les autres villes remarquables sont : ROTTERDAM, port sur la Meuse, grand commerce avec les colonies hollandaises, — LA HAYE, où réside le roi, — *Utrecht* et *Tilburg*, centres de l'industrie lainière.

Les colonies hollandaises ont une étendue assez considérable et sont peuplées d'environ 28 millions d'habitants. — Les principales de ces possessions sont : la *Guyane hollandaise* ou colonie de *Surinam*, dans l'Amérique du Sud; les îles de *Java* et *Sumatra*, en Océanie.

EMPIRE D'ALLEMAGNE

Sup. : 540 000 kilomètres carrés. — *Pop.* : 45 millions 1/2 d'habitants.

518. L'**Empire d'Allemagne** comprend un certain nombre d'États dont les principaux sont : les royaumes de **Prusse**, de *Bavière*, de *Saxe*, de *Wurtemberg*, le Grand-Duché de *Bade*, et les trois villes libres de *Hambourg*, de *Brême*, de *Lubeck*.

Ces différents États ont chacun leur gouvernement et leur administration, mais ils sont sous la dépendance de l'empereur d'Allemagne pour tout ce qui concerne le commerce général et l'organisation militaire de l'empire.

519. L'Allemagne, sauf dans la vallée du Rhin, est un pays médiocrement fertile, mais elle possède des mines de *houille* et de *fer* très productives.

520. L'Allemagne rivalise avec la France pour l'*industrie*, le *commerce* et la *marine marchande*.

521. La capitale de l'empire est **Berlin** (1 125 000 habitants), sur la Sprée; possède une université célèbre.

498. La Suède et la Norvège n'ont-elles pas chacune une constitution politique particulière ? — 499. Parlez du relief du sol, des côtes et des cours d'eau de la péninsule Scandinave. — 500. Quelles sont les principales productions de la Suède et de la Norvège ? — 501. Quelles sont les villes importantes de la Suède, de la Norvège ?

DANEMARK, ROYAUME-UNI DE GRANDE-BRETAGNE ET D'IRLANDE, BELGIQUE. — 502. Que comprend le Danemark ? — 503. Quelle est la principale ressource du Danemark ? — 504. Quelle est la capitale du Danemark ? — 505. Sous quel nom désigne-t-on le plus souvent le Royaume-Uni de Grande-Bretagne et d'Irlande ? — 506. Parlez du relief du sol et des cours d'eau de l'Angleterre. — 507. Quelles sont les principales productions de l'Angleterre ? — 508. Parlez de l'industrie, du commerce, de la marine de l'Angleterre. — 509. Parlez de Londres et de Liverpool. — 510. Quelles sont les autres grandes villes de l'Angleterre ? — 511. de l'Ecosse et de l'Irlande ? — Enumérez les colonies anglaises. — 512. Parlez du relief du sol et des cours d'eau de la Belgique. — 513. Quelles sont les principales productions de la Belgique ? — 514. Quelles sont les principales villes belges ?

HOLLANDE, ALLEMAGNE. — 515. Sous quels noms désigne-t-on aussi la Hollande ? — 516. De quoi les Hollandais s'occupent-ils surtout ? — 517. Quelles sont les principales villes et colonies de la Hollande ?

518. Citez les principaux Etats qui composent l'empire d'Allemagne — 519. Quelles sont les principales productions de l'Allemagne ? — 520. Parlez du commerce, de l'industrie et de la marine marchande de l'empire d'Allemagne. — 521. Quelles sont les principales villes de l'empire d'Allemagne ?

France (pour comparaison) : **Sup.** : 529 000 kil. car. — **Pop.** : 38 mill. d'h. — **Commerce extérieur** : 9 milliards. — **Pop. des colonies et pays protégés**: 27 millions d'h.

Les autres villes importantes sont : la ville libre de **Hambourg**, sur l'Elbe, un des premiers ports de commerce du monde, — Breslau, sur l'Oder, grand commerce de céréales et de laines, — Munich, capitale du royaume de Bavière, — Dresde, sur l'Elbe, capitale du royaume de Saxe, — Leipzig, commerce de la librairie, — Cologne (en allemand : *Cöln*), sur le Rhin, grand centre commercial, cathédrale célèbre, — Francfort-sur-le-Main, grand commerce de banque, — Hanovre, — Stuttgart, capitale du Wurtemberg, — Brême, grand port sur le Weser.

Les Allemands ont quelques comptoirs en Océanie et sur la côte occidentale d'Afrique (Angra Pequeña).

[Pour l'Alsace-Lorraine, voir p. 23.]

AUTRICHE-HONGRIE

Sup. : 625 000 kilomètres carrés. — *Pop.* : 38 millions d'habitants (autant que la France).

522. L'Empire d'Autriche-Hongrie, comprend deux grands États : l'*Autriche* et la *Hongrie*, gouvernés par le même souverain.

523. L'Autriche-Hongrie a des régions élevées (Alpes, plateau de Bohême, Karpathes) et une région *basse* (plaine hongroise). — Un grand fleuve navigable, le **Danube**, traverse l'empire et sert de lien commercial à toutes ses parties.

524. L'Autriche-Hongrie a des mines de *houille* et de *métaux* très productives, — des *forêts* immenses, — de nombreux *vignobles* (en Hongrie), — beaucoup de *bestiaux*.

L'industrie *métallurgique* et le *commerce* y sont importants.

525. La capitale de l'Autriche et de l'Empire austro-hongrois est **Vienne** (1 100 000 habitants), sur le Danube.

La capitale du royaume de Hongrie est Buda-Pest, coupée en deux par le Danube.

Les autres villes à citer sont : Prague, capitale de la Bohême, université, — Trieste, grand port sur l'Adriatique, — Lemberg, commerce de produits agricoles, — *Gratz*, centre métallurgique, — *Brunn*, industrie des tissus de laine, — *Szegedin*, ville hongroise sur la Theiss, — *Cracovie*, sur la Vistule, commerce de céréales, — *Maria-Thérésiopel*, commerce de produits agricoles.

SUISSE

Sup. : 41 000 kilomètres carrés. — *Pop.* : près de 3 millions d'habitants.

526. La **Suisse** est une *Confédération* ou réunion de petites républiques qui obéissent à un gouvernement central pour tout ce qui concerne les intérêts généraux de la nation.

527. Le sol de la Suisse est très *montagneux* et peu fertile. L'*industrie*, malgré l'absence de mines de houille dans ce pays, est très florissante ; il en est de même du *commerce*, quoique la Suisse n'ait aucun débouché vers la mer.

528. La capitale de la Confédération est **Berne**.

Les autres villes importantes sont : Genève, sur le lac du même nom, ville industrielle (horlogerie), — *Zurich*, sur le lac du même nom, industrie des tissus de soie et de coton, — *Bâle*, sur le Rhin, grand entrepôt de commerce.

PORTUGAL

Sup. : 90 000 kilomètres carrés. — *Pop.* : 4 millions d'habitants.

529. Le royaume de **Portugal** occupe la partie *occidentale* de la péninsule hispanique.

530. La capitale est **Lisbonne** (250 000 habitants), bon port à l'embouchure du Tage. — La ville la plus remarquable après Lisbonne est le port de *Porto*, sur le Douro.

531. Les îles *Açores* et *Madère*, situées dans l'océan Atlantique vis-à-vis des côtes du Portugal et du Maroc, sont considérées par les Portugais comme deux *provinces d'outre-mer*.

Les colonies portugaises ont une étendue assez grande, mais elles sont peu peuplées (3 millions d'hab). Les principales de ces colonies sont : en **Afrique**, les îles du *Cap-Vert*, des établissements sur les côtes de *Guinée* et de *Mozambique*, — en **Asie**, des comptoirs dans l'*Inde* et en *Chine*, — en **Océanie**, la moitié de l'île *Timor*.

ESPAGNE

Sup. : 500 000 kilomètres carrés. — *Pop.* : 16 millions 1/2 d'habitants.

532. L'**Espagne** est un large *plateau*, d'une hauteur moyenne de 600 mètres, sur lequel se dressent des montagnes. Les *cours d'eau* sont nombreux, mais ils ne sont pas navigables.

533. L'Espagne produit beaucoup de **vins**, et son sol renferme de nombreuses mines de *métaux* (fer, cuivre, plomb, mercure).

534. La capitale du royaume d'Espagne est **Madrid** (400 000 habitants).

Les autres villes importantes sont : Barcelone, grand port sur la Méditerranée, industrie très active (tissus de coton), — Valence, port de commerce, grand marché pour les fruits, — Séville, sur le Guadalquivir, beaux monuments, — Malaga, *Cadix*, *Carthagène*, ports de commerce au sud de l'Espagne, — *Bilbao* et *Santander*, ports au nord de l'Espagne, grande exportation de minerai de fer et de céréales.

535. Les îles *Baléares* dans la Méditerranée et les îles *Canaries*, situées près de la côte nord-ouest de l'Afrique, sont considérées par les Espagnols comme des *provinces d'outre-mer*.

Les colonies espagnoles ont une étendue assez grande et sont peuplées d'environ 8 millions d'habitants. Les principales de ces colonies sont : les îles de *Cuba* et de *Puerto-Rico*, dans les Antilles (Amérique), — les *Philippines* (Océanie) et quelques îles sur la côte de *Guinée* (Afrique).

ITALIE

Sup. : 300 000 kilomètres carrés. — *Pop.* : 29 millions d'habitants.

536. Le royaume d'**Italie** comprend la péninsule *italique* et deux grandes îles : la *Sardaigne* et la *Sicile*.

537. La région septentrionale de l'Italie est occupée par les *Alpes* et la plaine du *Pô* ; la région péninsulaire est parcourue par la chaîne des *Apennins*, dont deux sommets, le *Vésuve* (près de Naples) et l'*Etna* (en Sicile), figurent parmi les grands volcans d'Europe.

538. Les principaux produits de l'Italie sont : la **soie grège**, le *vin*, l'*huile d'olive*, les *fruits* de table (figues, raisins, amandes, oranges).

L'Italie a des *mines* assez productives, et sa marine marchande est une des premières du monde ; cependant l'industrie et le commerce ne sont pas à la hauteur des ressources du pays.

539. La capitale de l'Italie est **Rome** (300 000 habitants), sur le Tibre, ville célèbre entre toutes par ses souvenirs historiques et ses monuments. C'est à Rome que réside le *Pape*.

Les autres villes importantes sont : Naples, port sur la mer Tyrrhénienne, — Milan et Turin, villes industrielles de la vallée du Pô, — *Padoue*, *Vérone*, *Alexandrie*, autres villes de cette même vallée, — *Gênes*, grand port de commerce sur le golfe du même nom, — *Spezzia*, port militaire, — *Livourne*, port marchand, — Florence, sur l'Arno, — Palerme, Messine et Catane, ports de la Sicile, — Venise, *Ancône*, *Brindisi*, ports sur l'Adriatique.

SERBIE, MONTÉNÉGRO

540. Le royaume de **Serbie** (moins peuplé que Paris), est situé entre le Danube et la Turquie.

Sa capitale est **Belgrade**, sur le Danube.

541. La principauté de **Monténégro** (environ 250 000 habitants) est un petit pays très montagneux situé au sud-ouest de la Serbie. — Sa capitale est **Cettigné**.

ROUMANIE

Sup. : 130 000 kilomètres carrés. — *Pop.* : 5 millions 1/2 d'habitants.

542. Le royaume de **Roumanie** est une vaste *plaine* arrosée par le bas Danube qui produit beaucoup de *céréales* (maïs, blé).

543. La capitale est **Bukarest** (225 000 habitants). — Les autres villes importantes sont : *Iassy*, et les ports de *Braïla*, *Galatz*, *Sulina*.

TURQUIE D'EUROPE

Sup. : 165 000 kilomètres carrés. — *Pop.* : 4 millions 1/2 d'habitants.

544. La **Turquie d'Europe** n'est qu'une partie de l'**empire Ottoman**, qui comprend encore : 1° des possessions directes, comme la *Turquie d'Asie*, la *Tripolitaine* (Afrique) ; 2° des possessions qui ne sont rattachées à l'empire que par un faible lien, comme la *Bosnie* et l'*Herzégovine* (occupées par les Autrichiens), la *Bulgarie* et la *Roumélie orientale* (provinces vassales), l'*Égypte* (vice-royauté sous l'influence anglaise).

545. La Turquie d'Europe est parcourue par la chaîne des *Balkans*; son sol est *fertile*, mais *mal cultivé*.

Autriche-Hongrie, Suisse, Portugal. — 522. Quels sont les deux grands États qui composent l'empire d'Autriche-Hongrie ? — 523. Parlez du relief du sol de l'Autriche-Hongrie. — Parlez du Danube. — 524. Quelles sont les principales productions de l'Autriche-Hongrie ? — 525. Quelles sont les principales villes de l'Autriche-Hongrie ? — 526. Quelle est la forme du gouvernement de la Suisse ? — 527. Parlez du relief du sol, de l'industrie et du commerce de la Suisse. — 528. Quelles sont les villes principales de la Suisse ? — 529. Parlez de la situation du Portugal. — 530. Quelles sont les villes principales du Portugal ? — 531. Parlez des îles Açores et de Madère. — des colonies portugaises.

Espagne, Italie. — 532. Parlez du relief du sol et des cours d'eau de l'Espagne. — 533. Quelles sont les principales productions de l'Espagne ? — 534. Quelles sont les principales villes de l'Espagne ? — 535. Parlez des Baléares, des Canaries et des colonies espagnoles. — 536. Quelles sont les régions qui composent le royaume d'Italie ? — 537. Parlez du relief du sol et des volcans de l'Italie. — 538. Quels sont les principaux produits de l'Italie ? — 539. Quelles sont les principales villes de l'Italie ?

Serbie, Monténégro, Roumanie, Turquie d'Europe, Grèce. — 540. Parlez de la Serbie. — 541. du Monténégro. — 542. Parlez du relief du sol et des productions de la Roumanie. — 543. Quelles sont les villes principales de la Roumanie ? — 544. Quelles sont les régions qui composent l'empire Ottoman ? — 545. Parlez du relief du sol et des productions de la Turquie d'Europe.

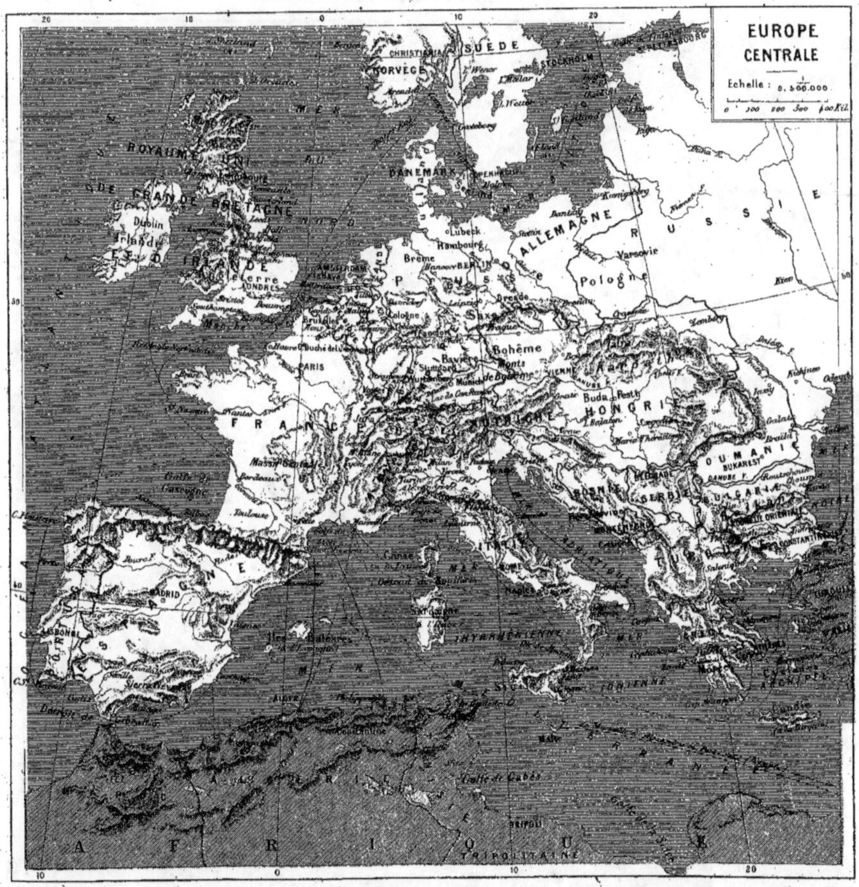

546. La capitale de la Turquie d'Europe et de l'empire Ottoman est **Constantinople** ou **Stamboul** (700 000 habitants), magnifique port sur le détroit de Constantinople ou Bosphore.

Les autres villes remarquables sont : le port de *Salonique* et *Andrinople* (ou Édirné), grand marché agricole, — *Sofia*, *Routschouk*, *Varna*, *Choumla*, villes de la province de Bulgarie, — *Philippopoli*, dans la Roumélie orientale.

GRÈCE

Sup.: 65 000 kil. car. — *Pop.:* 2 millions d'hab. (à peu près celle de Paris).

547. Le royaume de **Grèce**, situé au sud de la Turquie d'Europe, comprend : 1° une partie *continentale;* — 2° une petite presqu'île, la *Morée;* — 3° de nombreuses *îles* dans la mer de l'Archipel (Négrepont, les Cyclades) et dans la mer Ionienne (Corfou, Céphalonie, Zante).

La presqu'île de Morée est rattachée à la partie continentale de la Grèce par l'isthme de *Corinthe*, au travers duquel on perce un canal maritime.

548. La capitale de la Grèce est **Athènes** (65 000 habitants). — Les autres villes importantes sont : *Patras*, au nord de la Morée, — *Hermopolis* ou *Syra*, dans l'une des Cyclades, — le *Pirée*, port d'Athènes, — *Corfou*, *Zante*, dans les îles de ce nom, — *Larissa*, dans la partie septentrionale de la Grèce.

---

546. Quelle est la capitale de la Turquie d'Europe? — Quelles sont les autres villes importantes de la Turquie d'Europe ? — **547.** Quelles sont les régions qui composent le royaume de Grèce ? — Quelles sont les régions que l'isthme de Corinthe unit ? — **548.** Quelles sont les principales villes de la Grèce ?

CONTINENT AMÉRICAIN

(Suivre sur la carte ci-dessus.)

549. Le Continent américain (38 millions de kilomètres carrés), est environ *quatre* fois aussi grand que l'Europe; il est situé à la fois sur l'hémisphère boréal et sur l'hémisphère austral.

550. On divise le continent américain en deux parties: l'*Amérique du Nord* et l'*Amérique du Sud*.

ÉTUDE PHYSIQUE DE L'AMÉRIQUE DU NORD

CONTOURS

551. L'Amérique du Nord comprend:

1° La partie du continent américain située au *nord* de l'isthme de Panama;

2° L'archipel des *Antilles*.

Toute une région de l'Amérique du Nord est désignée ordinairement sous le nom d'*Amérique Centrale*. — L'Amérique Centrale comprend une partie *continentale* (du Mexique à l'isthme de Panama) et une partie *insulaire* (archipel des Antilles).

552. En longeant les côtes de l'Amérique du Nord à partir du détroit de *Behring*, on rencontre successivement: le cap *Occidental*, — la mer de *Behring*, — la presqu'île glacée d'*Alaska*, — l'océan **Pacifique**, le plus grand des océans, — l'île anglaise de *Vancouver*, — le golfe et la presqu'île de *Californie* terminée par le cap *Saint-Lucas*, — l'isthme de **Panama**, au travers duquel passera bientôt un canal maritime.

553. En remontant les côtes de l'Amérique du Nord à partir de l'isthme de Panama, on arrive dans la mer des *Antilles* où se trouve l'archipel des grandes et des petites **Antilles**, dont les îles principales sont **Cuba**, aux Espagnols, et *Haïti*, île indépendante.

554. Au sortir de la mer des Antilles, qui baigne tout un côté de l'archipel des Antilles, on pénètre dans le large golfe du **Mexique**, et, après avoir contourné la presqu'île de *Floride*, on débouche dans l'océan **Atlantique**, où l'on rencontre successivement la grande île anglaise de **Terre-Neuve**, terminée par le cap *Race*, — la presqu'île du *Labrador*, — la mer intérieure d'*Hudson* et le détroit du même nom, — le détroit de *Davis*, — la mer de *Baffin*, — un grand nombre de terres glacées dont la plus importante est la possession danoise du *Groenland*, terminée par le cap *Farewell*.

555. En quittant la mer de Baffin on s'engage entre les terres polaires, dans une série de détroits encombrés de glaces ; ces détroits ont reçu le nom collectif de *Passage du nord-ouest*.

RELIEF DU SOL

556. Toute la côte américaine baignée par l'océan Pacifique est bordée par une très longue chaîne de montagnes dont la hauteur égale celle des Alpes d'Europe. Cette chaîne de montagnes, qui renferme de nombreux *volcans*, est désignée sous le nom de montagnes **Rocheuses** dans l'Amérique du Nord et sous le nom de **Cordillère des Andes** dans l'Amérique du Sud.

557. Les montagnes Rocheuses ont peu de largeur dans le territoire d'Alaska, mais elles ont un *grand développement* aux États-Unis et au Mexique. Là elles se divisent en *deux* chaînes qui encadrent et étayent les vastes plateaux du *Grand Bassin* et du *Mexique*.

Le plus haut sommet des montagnes Rocheuses est le mont *Saint-Élie* (4568 mètres).

A partir du Mexique méridional, la chaîne de montagnes se *rétrécit*, puis pénètre dans l'Amérique du Sud et ne se termine qu'au détroit de *Magellan*.

558. L'Amérique du Nord a aussi des montagnes près de l'océan Atlantique; ce sont les monts *Alleghanys*, mais ces hauteurs ont *peu d'importance* si on les compare à l'énorme saillie des montagnes Rocheuses.

559. De l'océan glacial Arctique au golfe du Mexique s'étendent d'**immenses plaines** bordées à l'ouest par les montagnes Rocheuses, à l'est par les monts Alleghanys.

Les plaines septentrionales de l'Amérique du Nord sont glacées et stériles, mais celles qui sont arrosées par le Mississipi et par ses affluents sont d'une grande fertilité.

COURS D'EAU ET LACS

560. La plupart des cours d'eau de l'Amérique du Nord atteignent des *proportions considérables*. Le plus important de ces cours d'eau est le **Mississipi**, qui a sa source près des grands lacs canadiens et son embouchure dans le golfe du Mexique; il arrose deux très grandes villes: *Saint-Louis* et la *Nouvelle-Orléans*.

Mississipi signifie « *Père des fleuves* ; » c'est bien le nom que mérite ce fleuve long de 5000 kilomètres (6 fois la distance de Paris à Marseille).

561. Le Mississipi a pour affluents de droite le **Missouri**, l'*Arkansas*, la *Rivière Rouge*, et pour affluent de gauche l'*Ohio*.

562. Après le Mississipi et ses affluents, on peut citer comme grands cours d'eau de l'Amérique du Nord : le *Mackensie*, qui se jette dans l'océan glacial Arctique, — le **Saint-Laurent**, qui arrose les deux villes canadiennes de *Montréal* et *Québec*, et déverse dans l'océan Atlantique le trop-plein des grands lacs situés sur la frontière du Canada, — la *Columbia*, qui se jette dans l'océan Pacifique, — le *Colorado*, qui a son embouchure dans le golfe de Californie, — le *Rio Grande del Norte*, qui aboutit au golfe du Mexique.

563. L'Amérique du Nord possède de très grands lacs dont les plus importants au point de vue commercial sont les lacs **Supérieur, Michigan, Huron,** *Érié* et *Ontario*, qui communiquent les uns avec les autres.

C'est entre les lacs Erié et Ontario que se trouve la célèbre cataracte (chute d'eau) du *Niagara*. — Au nord des cinq lacs que l'on vient de citer se trouvent d'autres nappes d'eau : lacs du *Grand-Ours*, de l'*Esclave*, *Ouinipeg* ; au milieu du plateau du Grand Bassin est un lac auquel la salure de ses eaux a fait donner le nom de lac *Salé*.

ÉTUDE POLITIQUE
DE L'AMÉRIQUE DU NORD

564. L'Amérique du Nord comprend : 1° le territoire d'*Alaska*, aux États-Unis ; — 2° le *Groenland*, aux Danois, vaste plateau couvert de glaces, qui n'est habité que par quelques milliers d'Esquimaux; — 3° l'**Amérique anglaise** ; — 4° les **États-Unis** ; — 5° le *Mexique* ; — 6° les États de l'Amérique *centrale* ; — 7° l'archipel des *Antilles*.

AMÉRIQUE ANGLAISE

565. L'Amérique anglaise comprend l'île de *Terre-Neuve* et la vaste région continentale à laquelle les Canadiens donnent le nom de « **Puissance du Canada** » et les Anglais celui de « **Dominion** ».

566. Terre-Neuve. — Terre-Neuve est une ancienne colonie *française* ; elle doit son importance à son voisinage du « *banc de Terre-Neuve* », plateau sous-marin sur lequel les morues se réunissent en grand nombre.

Près de Terre-Neuve se trouvent deux îlots, *Saint-Pierre* et *Miquelon*, qui appartiennent à la France et servent de rendez-vous à ceux de nos navires qui vont pêcher la morue.

567. Canada. — Le Canada (4 millions d'habitants) fait un grand commerce de *blé*, de *bestiaux* et de *bois* ; il possède une *marine* marchande très importante.

568. La capitale de la Puissance du Canada est OTTAWA. — Les villes principales[1] sont : **Montréal** et *Québec*, sur le fleuve Saint-Laurent, — *Toronto*, sur le lac Ontario, — *Halifax*, grand port militaire dans la presqu'île de la Nouvelle Écosse.

Le Canada a appartenu à la France jusqu'en 1763. Les nombreux descendants des anciens colons français parlent toujours notre langue et ont conservé pour leur ancienne mère-patrie une très vive affection.

RÉPUBLIQUE DES ÉTATS-UNIS
DE L'AMÉRIQUE DU NORD

569. Les **États-Unis** ont un peu plus de 50 millions d'habitants et une superficie (9 300 000 kil. car.), *égale à celle de l'Europe*.

570. Les États-Unis sont le plus grand centre de production du monde pour le **blé**, le **coton**, le **tabac**. On élève aussi aux États-Unis beaucoup de *bestiaux*, et le sol renferme de riches mines de *houille*, de *pétrole*, de *métaux précieux* (or, argent), de *métaux communs* (fer, cuivre, zinc, plomb).

Les États-Unis disposent d'un très grand nombre de *voies de communication intérieure* (lacs, fleuves, canaux, chemins de fer) et d'une très forte *marine marchande* (la plus considérable après celle de l'Angleterre).

571. La capitale politique des États-Unis est **Washington**. — Les villes principales sont : **New-York** (1 200 000 habitants), un des plus grands ports du monde, sur l'Hudson, — **Philadelphie**, grand port et grand centre de commerce pour la houille, le fer, le pétrole, — **Chicago**, sur le lac Michigan, très grand centre de commerce pour le blé, le bétail, les viandes salées, — **Saint-Louis**, sur le Mississipi, près de son confluent avec le Missouri, grand entrepôt du commerce des États de l'Ouest, — BALTIMORE, port sur l'Atlantique, grand commerce de tabac et de farines, — CINCINNATI, sur l'Ohio, préparation des viandes salées et fumées, — SAN-FRANCISCO, port sur l'océan Pacifique, grand commerce avec l'Asie et l'Océanie ; un chemin de fer d'une longueur de 5000 kilomètres relie San-Francisco à New-York, — la NOUVELLE-ORLÉANS, fondée par des Français, non loin de l'embouchure du Mississipi, grand entrepôt de commerce de coton et de sucre.

Autres villes : **Brooklyn**, située en face de New-York, à laquelle elle est reliée par un pont gigantesque sous lequel peuvent passer les plus grands navires, — PITTSBURG, sur l'Ohio, usines métallurgiques.

RÉPUBLIQUE DU MEXIQUE

572. Le Mexique (10 millions d'habitants) est un vaste *plateau* sur lequel se dresse de nombreux *volcans*. L'extraction de l'**argent** et de l'*or* est la grande richesse du pays.

573. La capitale est **Mexico**. Les autres cités importantes sont : *Guadalaxara*, ville industrielle, — *Puebla*, ville forte, — *Tampico* et *Vera-Cruz*, ports de commerce en relations régulières avec l'Europe.

[1] Les villes sont énumérées ici d'après l'importance de leur population ; il sera toujours facile à l'élève de suivre sur les cartes de cet Atlas qui sont d'un petit format et ne contiennent que peu de noms.

Amérique du Nord. SITUATION, CONTOURS, RELIEF DU SOL. — 549. Quelle est l'étendue du continent américain comparée à celle de l'Europe ? — 550. En combien de parties divise-t-on le continent américain ? — 551. Que désigne-t-on sous le nom d'Amérique du Nord ? — 552. Décrivez les côtes de l'Amérique du Nord du détroit de Behring à l'isthme de Panama. — 553. de l'isthme de Panama à l'île d'Haïti. — 554. de l'île d'Haïti au cap Farewell. — 555. Parlez du Passage du Nord-Ouest. — 556. Par quelle chaîne de montagnes est bordée toute la côte occidentale de l'Amérique du Nord ? — 557. Parlez des montagnes Rocheuses. — 558. Comment s'appellent les montagnes de l'Amérique du Nord situées près de l'océan Atlantique ? — 559. Parlez des plaines de l'Amérique du Nord.

COURS D'EAU ET LACS, AMÉRIQUE ANGLAISE, ÉTATS-UNIS, MEXIQUE. — 560. Quel est le cours d'eau le plus important de l'Amérique du Nord ? — 561. Quels sont les principaux affluents du Mississipi ? — 562. Quels sont, indépendamment du Mississipi, les grands fleuves de l'Amérique du Nord ? — 563. Citez quelques grands lacs de l'Amérique du Nord. — 564. Quelles sont les régions comprises dans l'Amérique du Nord ? — 565. Quelles sont les régions qui font partie de l'Amérique anglaise ? — 566. Parlez de Terre-Neuve. — 567. Parlez du commerce et de la marine marchande du Canada. — 568. Citez la capitale et les villes importantes du Canada. — 569. Parlez de la population et de la superficie des Etats-Unis. — 570. Quels sont les principaux produits agricoles des Etats-Unis ? — Parlez des mines de ce pays. — Parlez des voies de communication intérieures et de la marine marchande des Etats-Unis. — 571. Citez la capitale et les principales villes des Etats-Unis. — 572. Parlez du relief du sol du Mexique. — Quels sont les principaux produits du Mexique ? — 573. Citez la capitale et les principales villes du Mexique.

ÉTATS DE L'AMÉRIQUE CENTRALE

(Suivre sur la carte, page 34.)

574. L'**Amérique centrale** comprend :

1° le *Honduras britannique*, colonie anglaise, capitale Belize ;

2° *cinq* petites républiques : le *Guatémala*, capitale Guatémala, — le *Honduras*, capitale Tegucigalpa, — la république de *Salvador*, capitale San-Salvador, — le *Nicaragua*, capitale Managua, — la république de *Costa-Rica*, cap. San-José.

Les principaux produits des États de l'Amérique centrale sont : le *café*, la *gomme*, l'*indigo*, les *métaux précieux*.

ANTILLES

575. Les **Antilles** ou **Indes occidentales** sont divisées en *grandes* et en *petites* Antilles ; elles comprennent une île indépendante : *Haïti* et de nombreuses îles qui appartiennent à *différentes nations*.

L'île indépendante d'**Haïti** est divisée en deux républiques : la république d'*Haïti*, à l'ouest ; la république *Dominicaine* ou de *Saint-Domingue*, à l'est.

576. Les Espagnols possèdent **Cuba** et *Puerto-Rico*. — Cuba est l'île la plus fertile des Antilles ; sa capitale, la **Havane**, est un grand port et un des premiers marchés du globe pour le **sucre** (exportation annuelle : 300 millions de francs), pour le café et le tabac.

577. La *Jamaïque* et la *Trinité* sont les deux îles les plus importantes des Antilles anglaises ; — *Saint-Thomas* est une possession danoise ; — la *Guadeloupe* et la *Martinique* appartiennent à la France.

La **Guadeloupe** et la **Martinique** (voir le carton) figurent parmi nos plus riches colonies ; leurs principaux produits sont le *sucre de canne*, le *café*, le *rhum*.

La Guadeloupe est composée de deux îles séparées par un petit bras de mer ; les villes principales sont *Basse-Terre* et la Pointe-à-Pitre.

La Guadeloupe a pour dépendances les îlots voisins de *Saint-Martin* (la partie sud appartient aux Hollandais), de *Saint-Barthélemy*, de la *Désirade*, de *Marie-Galante*, des *Saintes*.

La Martinique a pour villes principales : *Fort-de-France* et *Saint-Pierre*.

ÉTUDE PHYSIQUE
DE L'AMÉRIQUE DU SUD

(Suivre sur la carte ci-contre.)

CONTOURS

578. L'**Amérique du Sud** comprend toute la partie du continent américain située au *sud* de l'isthme de Panama.

579. En longeant la côte de l'Amérique du Sud à partir de l'isthme de Panama, on rencontre successivement les îles *Gallapagos*, à la république de l'Équateur, — l'archipel Chilien, dont les principales îles sont *Chiloé* et *Wellington*, — le détroit de *Magellan*, entre la partie continentale de l'Amérique du Sud et l'archipel de la *Terre de Feu*, — le cap *Horn*, à l'extrémité méridionale de l'Amérique du Sud, — les îles *Falkland*, aux Anglais, — le cap *San Roque*.

RELIEF DU SOL

580. Toute la côte occidentale de l'Amérique du Sud est bordée par la **Cordillère des Andes**, longue chaîne de montagnes qui forme vers sa partie centrale un très haut plateau, celui de *Bolivie* ; — dans la partie orientale de l'Amérique du Sud s'étendent des *plateaux* et des *montagnes* (massifs du Vénézuela et du Brésil), beaucoup moins élevés.

581. Entre la Cordillère et les montagnes de la partie orientale de l'Amérique du Sud, il y a des **plaines immenses** couvertes de forêts gigantesques (selvas) ou de pâturages (pampas).

Les plus hauts sommets de la Cordillère des Andes sont les volcans du *Sahama* (7015 mètres) et de l'*Aconcagua* (6834 mètres).

COURS D'EAU ET LACS

582. Presque tous les cours d'eau de l'Amérique du Sud se jettent dans l'océan Atlantique. Le plus important de ces cours d'eau est l'**Amazone** (6200 kil.), qui descend de la Cordillère des Andes, et qui coule dans une des plus grandes plaines du globe.

L'Amazone est navigable et forme à son embouchure un vaste delta ; la partie la plus considérable de ce delta est l'île *Marajo*, trois fois aussi grande que le département français des Landes.

583. L'Amazone a pour affluents de droite : le *Purus*, la *Madeira*, le *Tapajos*, le *Xingu*, — pour affluents de gauche : le *Yapura* et le *Rio Négro*.

584. Les autres grands cours d'eau de l'Amérique du Sud sont : la *Magdaléna*, qui se jette dans la mer des Antilles après avoir traversé les États-Unis de Colombie, — l'*Orénoque*, qui arrose l'État du Vénézuela, — le *Tocantins*, qui peut à la rigueur être considéré comme un affluent de l'Amazone, — le *Saô-Francisco*, — le *Parana*, dont l'estuaire porte le nom de *Rio de la Plata*.

Le Parana a le *Paraguay* et le *Salado* pour affluents de droite et l'*Uruguay* pour affluent de gauche. — Le Paraguay reçoit le *Pilcomayo* sur sa droite.

585. Les grands lacs de l'Amérique du Sud sont le lac *Maracaybo*, dans le Vénézuela, et le lac *Titicaca*, situé à 4 000 mètres d'altitude sur le plateau de Bolivie.

ÉTUDE POLITIQUE
DE L'AMÉRIQUE DU SUD

586. **L'Amérique du Sud** comprend : 1° les républiques du Vénézuela, de Colombie, de l'Équateur, du Pérou, de Bolivie, du Chili, les républiques Argentine, du Paraguay, de l'Uruguay ; — 2° l'empire du Brésil ; — 3° les Guyanes, colonies européennes.

VÉNÉZUELA, COLOMBIE, ÉQUATEUR, PÉROU, BOLIVIE.

587. **Vénézuela.** — Les principaux produits du Vénézuela sont le *cacao*, le *quinquina*.

588. La capitale du Vénézuela est **Caracas**, dont le port est la *Guayra*.

589. **États-Unis de Colombie.** — L'isthme de **Panama** fait partie du territoire des États-Unis de Colombie. C'est au travers de cet isthme (voir le carton) que l'on creuse le canal qui permettra aux navires d'aller directement de l'océan Atlantique à l'océan Pacifique sans avoir à passer par le cap Horn, en contournant l'Amérique du Sud, — soit une économie de 3 000 *lieues*.

590. Le principal produit des États-Unis de Colombie est le *quinquina*.

591. La capitale des États-Unis de Colombie est **Bogota**. Les autres villes importantes sont les deux ports situés aux extrémités du chemin de fer de Panama : *Colon* ou *Aspinwall* sur la mer des Antilles, et *Panama* sur le Pacifique.

592. **Équateur.** — Les principales productions de la République de l'Équateur sont le *cacao* et les métaux précieux.

593. La capitale de la République de l'Équateur est **Quito**, située à 3 000 mètres d'altitude. — Le port le plus important est *Guayaquil*.

594. **Pérou.** — Les produits du Pérou sont l'*argent*, le *nitrate de soude*, le *guano* [1].

595. La capitale du Pérou est **Lima**. — Les autres villes importantes sont le port de *Callao*, *Arequipa*, *Cuzco*.

596. **Bolivie.** — Le principal produit de la Bolivie est l'*argent*.

597. La capitale de la Bolivie est **Sucre** [2]. — Les villes importantes sont : *La Paz* et *Potosi*, centres miniers, — *Cochabamba*, centre agricole.

CHILI, RÉPUBLIQUE ARGENTINE, PARAGUAY, URUGUAY, BRÉSIL, GUYANES

598. **Chili.** — Le Chili est un État très prospère ; son principal produit est le **cuivre**.

599. La capitale du Chili est **Santiago**. — Les autres villes importantes sont *Valparaiso*, grand port, *Chillan*, *Conception*.

Plus d'un quart de la grande région désignée sous le nom de *Patagonie* appartient au Chili.

600. **République Argentine.** — La principale ressource de la République Argentine (ou États-Unis de la Plata), est l'élève du *bétail*.

601. La capitale de la République Argentine est **Buénos-Ayres** sur le Rio de la Plata (estuaire du Parana). — Les autres villes importantes sont : *Cordova*, *Tucuman*, *Salta*, *Rosario*.

Près des trois quarts de la *Patagonie* appartiennent à la République Argentine.

1. *Guano*, engrais très recherché et qui est formé par les excréments d'oiseaux de mer.

2. *Sucre*, nom d'un général colombien qui vainquit les Espagnols en 1824.

ÉTATS DE L'AMÉRIQUE CENTRALE, ANTILLES. — 574. Quels sont les États de l'Amérique Centrale et leurs principaux produits ? — 575. Quelle est l'île de l'archipel des Antilles qui est indépendante ? — Parlez d'Haïti. — 576. Parlez de Cuba. — 577. Parlez de la Jamaïque, de la Trinité, de Saint-Thomas. — Parlez des Antilles françaises et de leurs produits.

Amérique du Sud. CONTOURS, RELIEF DU SOL, COURS D'EAU, LACS. — 578. Que désigne-t-on sous le nom d'Amérique du Sud ? — 579. Décrivez les côtes de l'Amérique du Sud. — 580. Quelles sont les montagnes de l'Amérique du Sud ? — 581. Où se trouvent les grandes plaines de l'Amérique du Sud ? — 582. Quel est le fleuve le plus important de l'Amérique du Sud ? — 583. Quels sont les affluents de l'Amazone ? — 584. Quels sont, indépendamment de l'Amazone, les grands fleuves de l'Amérique du Sud ? — 585. Citez deux lacs de l'Amérique du Sud.

VÉNÉZUELA, COLOMBIE, ÉQUATEUR, PÉROU, BOLIVIE. — 586. Quels sont les États de l'Amérique du Sud ? — 587. Quels sont les principaux produits du Vénézuela ? — 588. Citez la capitale et un port du Vénézuela. — 589. Parlez de l'isthme de Panama — 590. Quels sont les principaux produits des États-Unis de Colombie ? — 591. Citez la capitale et deux ports des États-Unis de Colombie. — 592. Quels sont les principaux produits de la République de l'Équateur ? — 593. Citez la capitale et un port de la République de l'Équateur. — 594. Quels sont les principaux produits du Pérou ? — 595. Citez la capitale et les villes importantes du Pérou. — 596. Quel est le principal produit de la Bolivie ? — 597. Citez la capitale et les principales villes de la Bolivie.

CHILI, RÉPUBLIQUE ARGENTINE, PARAGUAY, URUGUAY, BRÉSIL, GUYANES. — 598. Quel est le principal produit du Chili ? — 599. Citez la capitale et les principales villes du Chili. — 600. Quelle est la principale ressource de la République Argentine ? — 601. Citez la capitale et les villes importantes de cet État. — 602. Quel est le principal produit du Paraguay ? — 603. Quelle est la capitale du Paraguay ? — 604 et 605. Quelle est la principale ressource et la capitale de l'Uruguay ? — 606. Quels sont les principaux produits du Brésil ? — 607. Citez la capitale et les villes principales du Brésil. — 608. Quelles sont les trois Guyanes qui appartiennent à des nations européennes ?

602. Paraguay. — Un des principaux produits du Paraguay est l'herbe *maté*, qui remplace le thé comme usage dans toute l'Amérique du Sud.

603. La capitale du Paraguay est **Assomption** (ou Asuncion).

604. Uruguay. — La principale ressource de l'Uruguay est l'élève du *bétail*.

605. La capitale de l'Uruguay est **Montévidéo**, grand port sur le Rio de la Plata.

606. Brésil. — (Superficie : 16 fois la France ; population : 10 millions d'habitants).

L'empire du Brésil est le pays qui produit le plus de **café**, il en exporte annuellement pour plus de 300 millions de francs ; — son sol renferme des mines très riches de *diamants*, d'*or*, de *pierres précieuses*.

607. La capitale du Brésil est **Rio de Janeiro**, très grande place de commerce sur une baie magnifique.

Les autres cités importantes du Brésil sont : les ports de BAHIA (ou San-Salvador) et de PERNAMBOUC (ou Recife) ; les villes de *Saó-Luiz de Maranhaô* (ou Saint-Louis-de-Maranham), de *Belem* (ou Para).

608. Guyanes. — Les Guyanes, appartenant à des nations européennes, sont : la *Guyane anglaise*, capitale Georgetown, — la *Guyane hollandaise* (ou colonie de Surinam), capitale Paramaribo, — la *Guyane française*, capitale Cayenne.

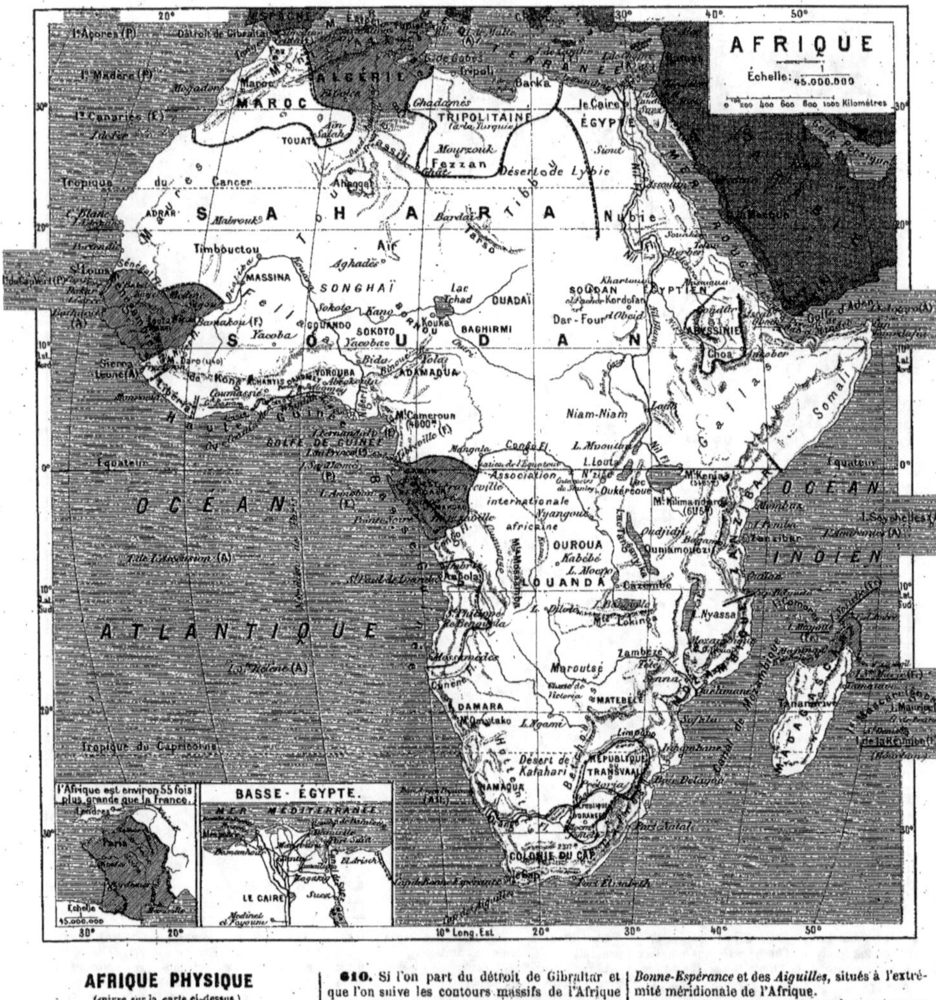

AFRIQUE PHYSIQUE

(suivre sur la carte ci-dessus.)

ÉTENDUE, SITUATION, CONTOURS.

609. L'Afrique (30 millions de kilom. car.) est **trois fois** aussi grande que l'Europe,

L'Afrique est située, en grande partie, entre le tropique du Cancer et le tropique du Capricorne, c'est-à-dire dans la zone torride; elle a donc un *climat très chaud*.

610. Si l'on part du détroit de Gibraltar et que l'on suive les contours massifs de l'Afrique en se dirigeant vers le sud, on se trouve d'abord dans l'**océan Atlantique** où sont disséminés l'archipel espagnol des *Canaries* et les îles portugaises des *Açores*, de *Madère* et du *Cap-Vert*. On passe ensuite devant le golfe de *Guinée*, devant l'île anglaise de *Sainte-Hélène* où Napoléon Ier mourut en captivité (1821), puis on double les caps de *Bonne-Espérance* et des *Aiguilles*, situés à l'extrémité méridionale de l'Afrique.

611. En remontant vers le nord, on se trouve dans l'**océan Indien**, où l'on rencontre successivement le détroit ou canal de *Mozambique*, — la grande île montagneuse de *Madagascar*, — l'archipel des *Mascareignes*, dont les principales îles sont : *Maurice*, actuellement à l'Angleterre et la *Réunion*, colonie française. Puis on passe devant l'archipel des *Comores* et l'île de *Zanzibar*, — devant les îles anglaises des *Amirantes*, des *Seychelles*, de *Sokotora*; — on double ensuite le cap *Guardafui* et on pénètre dans le golfe d'*Aden*.

612. Le golfe d'Aden communique avec la mer *Rouge* par le détroit de *Bab-el-Mandeb*, large de 7 lieues. Au nord de la mer Rouge se trouve l'isthme de **Suez**, au travers duquel est creusé un canal maritime (canal de Suez).

Pour aller de l'isthme de Suez au détroit de Gibraltar, on passe devant les golfes de la *Sidre* et de *Gabès*, puis on double le cap *Bon*, situé tout au nord de l'Afrique.

RELIEF DU SOL. — DÉSERTS

613. L'Afrique est un immense plateau sur lequel s'élèvent à l'intérieur, et *surtout près des côtes*, des massifs montagneux.

614. Les principaux massifs côtiers sont : au nord, l'*Atlas*, qui s'étend sur le Maroc, l'Algérie et la Tunisie; — à l'ouest, les monts de *Kong* et la *bordure montagneuse* de la Guinée avec le volcan de *Cameroun* (4 000 m.) pour principal sommet; — au sud, les *montagnes du Cap*; — à l'est, la *bordure montagneuse* de Mozambique et de Zanzibar avec les monts **Kenia** et **Kilima-ndjaro** (6 116 m.) pour sommets, et, plus au nord, le massif d'*Abyssinie* (4 620 m.).

615. A l'intérieur du plateau africain se dressent les massifs et plateaux Sahariens de l'*Ahaggar*, du *Tassili* et du *Tarso*, — les massifs du *Soudan*, entre le Niger et le lac Tchad, — les *montagnes* de la région des grands lacs.

616. L'Afrique renferme deux régions où il ne pleut presque jamais; ce sont le désert du **Sahara**, au nord, et le désert de *Kalahari*, au sud. — L'étendue du Sahara est égale à celle de l'Europe.

COURS D'EAU ET LACS

617. Les cours d'eau africains se jettent soit dans la mer Méditerranée, soit dans l'océan Atlantique, soit dans l'océan Indien.

618. La mer **Méditerranée** reçoit le **Nil**, le plus long fleuve (6 500 kil.) du monde. Le Nil sort du lac Oukéréoué, arrose les villes de Lado, Khartoum, Berber, Assouan, passe près du Caire et forme alors un vaste delta.

Le Nil est soumis à des *crues* régulières qui fertilisent toute sa vallée; ses principaux affluents sont le *Nil-Bleu* (Bahr-el-Asrek) et l'*Atbara*.

619. L'océan **Atlantique** reçoit le *Sénégal* et la *Gambie*, qui arrosent la colonie française du Sénégal, — le **Niger**, qui sort du mont Daro dans le massif de Kong et se jette dans le golfe de Guinée, — l'**Ogooué**, qui a son embouchure presque sous l'équateur, — le **Congo** (ou Livingstone), qui sort du lac Bangouélo, — l'*Orange*, qui arrose la colonie anglaise du Cap.

Le Niger porte aussi les noms de *Kouara*, de *Dioliba* dans son cours moyen.

L'océan **Indien** reçoit le *Limpopo*, qui limite au nord la république du Transvaal, — le **Zambèze**, qui sort du petit lac Dilolo.

620. L'Afrique est, après l'Amérique du Nord, la région du globe qui possède les plus grands lacs. Les principaux sont : le lac *Tchad*, dans le Soudan, — la série des lacs de *Louta-N'zige*, *Oukéréoué*, *Tanganyika*, *Moero*, *Bangouélo*, *Nyassa*.

AFRIQUE POLITIQUE

621. Les principaux pays situés sur le *littoral* de l'Afrique sont : l'Égypte, — la Tripolitaine, — l'Algérie et la Tunisie, — le Maroc, — la Sénégambie — la Guinée, — la colonie anglaise du Cap, — le Mozambique, — le sultanat de Zanzibar.

En face du Mozambique est situé le royaume insulaire de Madagascar.

622. A l'*intérieur* de l'Afrique se trouvent les populations Sahariennes, — les États de la région du Soudan, — l'Abyssinie, — les États indigènes de la région méridionale de l'Afrique, — les républiques du Transvaal et d'Orange.

ÉGYPTE

623. L'**Égypte** comprend une grande partie la région où coule le Nil, mais la *basse Égypte*, c'est-à-dire la partie comprise dans le delta du fleuve est la seule réellement importante.

L'Egypte (5 millions d'hab.) est gouvernée par un *vice-roi* subissant l'influence anglaise.

624. La capitale de l'Égypte est **le Caire** (330 000 hab.). Les autres villes importantes sont : ALEXANDRIE, grand port sur la Méditerranée, — *Tanta*, — *Zagazig*, — *Damiette*, port de commerce sur un des bras du Nil, — *Damanhour*, — *Mansoura*, — *Port-Saïd* et *Suez*, à l'entrée et à la sortie du canal de Suez.

Au sud de l'Egypte proprement dite, s'étendent les vastes territoires de la *Nubie* et du *Soudan* égyptien (Dar-Four, Kordofan), dont les principales villes sont *Souakim*, port sur la mer Rouge, — *Berber* et *Khartoum*, sur le Nil, — *el Obeid*, — *el Facher*.

TRIPOLI, ALGÉRIE ET TUNISIE, MAROC

625. La **Tripolitaine**, capitale **Tripoli**, est une possession directe de l'Empire Ottoman; elle touche à la Tunisie.

626. L'**Algérie** et la **Tunisie** font partie de l'empire colonial de la France (voir p. 21, n°s 361 à 371.)

627. Le **Maroc** (environ 6 millions d'hab.), est un empire musulman, situé à l'ouest du département d'Oran (Algérie).

La capitale du Maroc est **Fez**. — Les autres villes importantes sont *Maroc* et les ports de *Tanger* et de *Mogador*.

SÉNÉGAMBIE

628. La **Sénégambie** s'étend du fleuve Sénégal aux sources du Niger. La partie la plus importante de cette région est la colonie française du **Sénégal** (voir p. 21, n° 353).

Les Anglais et les Portugais ont aussi quelques établissements dans la Sénégambie.

GUINÉE

629. La **Guinée** est toute la région côtière comprise entre la Sénégambie et le fleuve Cunène.

Une partie de cette région est entre les mains des Portugais, des Anglais, des Espagnols, des Français et de l'Association internationale africaine; l'autre partie comprend des États indigènes indépendants.

630. Les **Portugais** possèdent les îles de *San Thomé* et du *Prince*, — la colonie d'*Angola* ville pr. Saint-Paul de Loanda.

631. Les **Anglais** possèdent les colonies de *Sierra-Leone*, — de la *Côte-d'Or*, — de *Lagos*.

632. Les **Espagnols** possèdent plusieurs îles près de la côte de Guinée; la plus importante est *Fernando-Po*.

633. Les **Français** ont des établissements sur la côte d'Or, — au *Gabon* et dans l'*Ouest-africain* (rive droite du *Congo*); postes principaux : Libreville, Franceville, Brazzaville.

634. L'Association internationale africaine, fondée pour abolir la traite des nègres, a des stations le long du cours du Congo.

635. Les États **indépendants** de la Guinée sont la république nègre de *Libéria*, capitale Monrovia, — le royaume des *Achantis*, capitale Coumassie, — le royaume de *Dahomey*, villes principales Abomey et Whydah, — l'État de *Yorouba*, ville pr. Abéokouta.

COLONIE DU CAP, MOZAMBIQUE

636. Les principaux produits de la **colonie du Cap** (à l'Angleterre) sont les *diamants* et la *laine*.

La capitale de la colonie est la ville du Cap. — Les autres villes importantes sont *Port-Elisabeth* et *Port-Natal*.

637. La possession portugaise du **Mozambique** s'étend de la baie Delagoa au cap Delgado. Les villes principales sont *Mozambique*, *Quélimané*, *Sofala*, *Inhambane*, sur la côte; *Tété* et *Senna* sur le Zambèze.

MADAGASCAR, LA RÉUNION
MAURICE, ZANZIBAR

638. La grande île de **Madagascar** a une population de 3 millions 1/2 d'hab. La capitale est **Tananarive** et le principal port est *Tamatave*.

La France possède la partie **nord-ouest** de Madagascar, avec un poste à *Majunga*, ainsi que les petites îles voisines de *Sainte-Marie*, de *Nossi-Bé*, de *Mayotte*.

639. A l'est de Madagascar se trouvent les îles de la **Réunion** et de **Maurice**, dont la principale production est le *sucre*.

La Réunion (ancienne île *Bourbon*) est une colonie française. La capitale est **Saint-Denis**.

Maurice portait autrefois le nom d'*Ile-de-France*

Afrique. ÉTENDUE, SITUATION, CONTOURS, RELIEF DU SOL, DÉSERTS. — **609**. Quelle est l'étendue de l'Afrique comparée à celle de l'Europe. — **610**. Décrivez les côtes de l'Afrique entre le détroit de Gibraltar et le cap des Aiguilles. — **611**. entre le cap des Aiguilles et le golfe d'Aden. — **612**. entre le golfe d'Aden et le détroit de Gibraltar. — **613**. Quel est le relief général de l'Afrique ? — **614**. Quels sont les principaux massifs côtiers de l'Afrique ? — **615**. Quels sont les principaux massifs de l'intérieur de l'Afrique ? — **616**. Quels sont les deux grands déserts de l'Afrique ?

COURS D'EAU ET LACS, PRINCIPAUX ÉTATS D'AFRIQUE. — **617**. Dans quelles mers se jettent les fleuves africains ? — **618**. Quels sont les cours d'eau qui se jettent dans la mer Méditerranée ? — **619**. dans l'océan Atlantique et l'océan Indien ? — **620**. Quels sont les principaux lacs de l'Afrique ? — **621**. Quels sont les principaux Etats situés sur le littoral de l'Afrique ? — **622**. Quels sont les principaux Etats situés à l'intérieur de l'Afrique ?

ÉGYPTE, TRIPOLITAINE, ALGÉRIE ET TUNISIE, MAROC. — **623**. Quel est le pays qui occupe le delta du Nil ? — Quel est le titre que porte le souverain d'Egypte ? — **624**. Citez la capitale et les villes importantes de l'Egypte. — **625**. Quelle est la capitale de la Tripolitaine ? — **626**. *Faire les questions 361 à 371 (p. 21) qui se rapportent à l'Algérie et à la Tunisie.* — **627**. Parlez du Maroc. — **628**. Parlez de la Sénégambie et du Sénégal.

GUINÉE, COLONIE DU CAP, MOZAMBIQUE. — **629**. Parlez de la Guinée. — **630**. Quelles sont les possessions portugaises sur la côte de Guinée ? — **631**. les possessions anglaises ? — **632**. les possessions espagnoles ? — **633**. les possessions françaises ? — **634**. de l'Association internationale africaine ? — **635**. Quels sont les États indépendants de la Guinée ? — **636**. Parlez de la colonie du Cap. — **637**. Parlez du Mozambique.

MADAGASCAR, LA RÉUNION, MAURICE, ZANZIBAR, SAHARA, ÉTATS DU SOUDAN, ABYSSINIE, ÉTATS INDIGÈNES DE L'AFRIQUE MÉRIDIONALE, TRANSVAAL ET ORANGE. — **638**. Parlez de Madagascar et des petites îles voisines. — **639**. A qui appartient la Réunion et quelle est sa capitale ? — Parlez de l'île Maurice.

et faisait partie de notre empire colonial. C'est maintenant une possession anglaise avec **Port-Louis** pour capitale.

640. Le **Zanzibar**, qui comprend l'île de Zanzibar et des établissements côtiers, a pour souverain un sultan arabe. La capitale est **Zanzibar.**

SAHARA, SOUDAN, ABYSSINIE

ÉTATS INDIGÈNES DE L'AFRIQUE MÉRIDIONALE

641. La population nomade ou sédentaire du **Sahara** dépasse 2 millions d'habitants.

Cette population, composée de Maures, de Touareg, de Tibbou, habite surtout le *Songhaï*, au nord-est du Niger et les régions montagneuses de l'*Ahaggar*, du *Tassili* et du *Tarso.*

642. On donne le nom générique de **Soudan** à la région intérieure de l'Afrique, située au sud du Sahara. — Les principaux États de cette région sont l'État de *Sokoto*, villes pr. Yakoba, Kano, Sokoto, — les États de *Gouando*, — de *Massina*, — d'*Adamaoua*, — de *Ouadaï*, — de *Bornou*, — de *Baghirmi*.

643. L'**Abyssinie** (3 millions d'hab.) est un pays montagneux, situé entre le Nil Bleu et la mer Rouge. Villes pr. *Adoua, Gondar, Ankober.*

644. Le plus important des **États indigènes** de l'Afrique méridionale est celui de **Matébélé** (12 millions d'hab.).

TRANSVAAL ET ORANGE

645. La république du **Transvaal** (ou sud-africaine), capitale **Prétoria**, et la république du **Fleuve Orange**, cap. **Bloemfontein**, sont des pays bien arrosés et qui renferment de riches *mines d'or* et de *diamants*. Les habitants, auxquels on donne le nom de *Boërs*, sont d'origine hollandaise.

ASIE PHYSIQUE

(suivre sur la carte ci-contre.)

ÉTENDUE, SITUATION, CONTOURS

646. L'**Asie** (42 millions de kilom. car.) est *quatre* fois plus grande que l'Europe.

L'Asie est située presque en totalité entre l'Equateur et le cercle polaire Arctique.

647. Si l'on quitte la ville de Suez, située au sud du canal de Suez, et que l'on suive les contours de l'Asie, on pénètre d'abord dans la mer *Rouge* qui baigne à la fois les côtes d'Égypte (Afrique) et les côtes de la péninsule d'Arabie (Asie), puis on traverse le détroit de *Bab-el-Mandeb*, le petit golfe d'*Aden*, et on débouche dans la partie de l'océan **Indien** à laquelle on a donné le nom de golfe ou mer d'*Oman.*

648. Le golfe d'Oman baigne la côte occidentale de la grande péninsule anglaise de l'**Inde** et communique avec le golfe *Persique* par le détroit d'*Ormuz.*

L'Inde est terminée par le cap *Comorin*, près duquel se trouve l'île anglaise de *Ceylan*. En quittant Ceylan, on arrive dans le vaste golfe du *Bengale* qui baigne la côte orientale de l'Inde et la côte occidentale de la péninsule d'**Indo-Chine**.

649. La partie méridionale de l'Indo-Chine est très effilée ; elle reçoit le nom de presqu'île de *Malacca*. La presqu'île de Malacca est séparée par le détroit du même nom de la grande île océanienne de Sumatra.

La presqu'île de Malacca est reliée à l'Indo-Chine par l'isthme de *Krah* au travers duquel on projette de creuser un canal maritime.

650. Après avoir doublé le cap *Romania* qui termine la presqu'île de Malacca, on pénètre dans le golfe de *Siam*, puis dans la mer de *Chine* et on aperçoit les îles chinoises de *Haï-Nan* et de *Formose.*

651. On traverse ensuite différentes mers (mer Orientale, mer Jaune, mer du Japon), en passant entre la presqu'île de *Corée* et l'archipel du **Japon**. Au nord du Japon se trouvent l'île russe de *Sakhaline*, — la mer d'*Okhotsk*, — la presqu'île sibérienne du *Kamtchatka*, — la mer de *Behring*, qui baigne les côtes de la Sibérie (Asie) et les côtes de la presqu'île d'Alaska (Amérique du Nord).

Toutes les mers situées entre le détroit de Malacca et le détroit de Behring sont formées par l'océan *Pacifique*. — Le détroit entre l'île japonaise de Yéso et l'île Sakhaline porte le nom de *La Pérouse*, célèbre navigateur français.

652. De la mer de Behring on pénètre par le détroit du même nom dans l'océan glacial *Arctique* au milieu duquel s'avance le cap sibérien de *Tchéliouskine* qui est la pointe continentale la plus rapprochée du pôle nord.

RELIEF DU SOL

653. Plaines. C'est en Asie que se trouvent les plateaux **les plus vastes** et les montagnes **les plus élevées** du globe. On y rencontre aussi des **plaines** importantes comme celles de la *Sibérie occidentale*, de la *Mésopotamie*, de l'*Indus*, du *Gange*, de la *Chine* (partie baignée par la mer Jaune). A ces plaines il faut ajouter la dépression *Aralo-Caspienne*, située au sud des monts Ourals et dont la partie la plus basse est occupée par la mer *Caspienne* et la mer d'*Aral.*

Les eaux de la mer Caspienne sont de 26 mètres au-dessous de celles de la mer Noire.

654. Plateau Central. Le relief de l'Asie est constitué surtout par un **plateau immense** et très élevé auquel sa situation au cœur de l'Asie a fait donner le nom de **Plateau Central.**

655. Les extrémités du Plateau Central sont bordées de tous côtés par des montagnes qui sont : 1° au nord, les massifs sibériens : monts *Iablonoï*, monts *Sayansk*, monts *Altaï*, monts *Ala-Tau*, monts *Thian-chan* ou *Célestes*; — 2° à l'ouest, le plateau de *Pamir*; — 3° au sud, les Monts **Himalaya**, les montagnes les plus élevées du globe et dont un pic, le **Gaourisankar** atteint 8840 mètres ; — 4° à l'est, les montagnes *chinoises* (Yun-ling, In-Chan, Chin-gan).

Indépendamment de ces talus montagneux, le Plateau Central est traversé de l'ouest à l'est par les chaînes du *Kouen-lun* et du *Kara-Koram.*

656. On donne le nom spécial de « **Plateau du Thibet** » à toute la région du Plateau Central comprise entre les monts Kouen-lun et les monts Himalaya. La hauteur moyenne du Plateau du Thibet *égale* celle des sommets les plus élevés des Alpes de Suisse.

Entre la chaîne du Kouen-lun et les montagnes qui limitent au nord le Plateau Central, s'étend le désert de *Gobi* dont le niveau est plus bas que les terres environnantes.

657. Autres plateaux et montagnes. Au Plateau Central succède à l'ouest une série de plateaux moins élevés ; ce sont le plateau de l'*Iran* [1], bordé au nord par la chaîne de l'*Elbourz*, — le plateau de l'*Asie mineure*, — le plateau d'*Arabie*. — Au sud du tropique du Cancer, dans l'Inde, se trouve le plateau du *Dekkan.*

658. Les montagnes qui limitent le Plateau Central envoient aussi des *ramifications* en Sibérie, en Chine, dans l'Indo-Chine, sur le plateau de l'Iran (Monts de l'Hindou-Kouch).

Indépendamment de ces hauteurs, il faut citer encore les montagnes du *Japon*, — les *Ghâts*, chaînes côtières de l'Inde, — les monts *Ourals* et les monts **Caucase**, entre l'Europe et l'Asie.

Le mont Elbrouz, un des sommets du Caucase, atteint 5647 mètres.

659. Volcans. Les principaux *volcans* de l'Asie sont situés dans la presqu'île du *Kamtchatka* et dans les îles du Japon (volcan de Fousi-Yama) ; ils font partie de la couronne volcanique ou *cercle de feu* qui entoure l'océan Pacifique.

COURS D'EAU ET LACS

660. L'océan glacial Arctique reçoit les grands fleuves sibériens de l'*Obi*, grossi de l'*Irtych*, — de l'*Iénissei*, grossi de l'*Angara*, — de la *Léna*, qui prennent leur source dans les montagnes formant la bordure septentrionale du Plateau Central.

661. Les mers et golfes formés par l'océan Pacifique reçoivent l'*Amour*, fleuve sibérien, — le **Hoang-ho** ou *fleuve Jaune* et le **Yang-tsé-Kiang** ou *fleuve Bleu*, qui sont les deux grandes artères fluviales de la Chine, — le *fleuve Rouge* (ou *Song-Ca*), le *Mé-Kong*, le *Mé-nam*, fleuves qui arrosent l'Indo-Chine. Tous ces cours d'eau prennent naissance dans le Plateau Central.

662. Les mers et golfes formés par l'océan Indien reçoivent l'*Iraouaddi*, fleuve de l'Indo-Chine, — le *Brahmapoutre*, qui prend sa source au nord de l'Himalaya et qui se jette dans le golfe du Bengale, — le *Gange*, fleuve large et profond, qui coule au pied de l'Himalaya et qui forme à son embouchure, dans le golfe du Bengale, un immense delta, — le **Sind** ou **Indus**, grand fleuve qui naît sur le versant septentrional de l'Himalaya et qui se jette dans la mer d'Oman, — le **Tigre** et l'**Euphrate** qui se réunissent avant d'aboutir au golfe Persique.

[1] *Iran*, nom national de la Perse.

640. Parlez du Zanzibar. — **641.** des populations qui habitent le Sahara. — **642.** Quels sont les principaux États du Soudan ? — **643.** Parlez de l'Abyssinie. — **644.** Quel est le plus important des États indigènes de l'Afrique méridionale ? — **645.** Parlez des républiques du Transvaal et d'Orange.

Asie. ÉTENDUE, SITUATION, CONTOURS. — **646.** Quelle est l'étendue de l'Asie comparée à celle de l'Europe ? — **647.** Décrivez les côtes de l'Asie entre la ville de Suez et le golfe d'Oman. — **648.** entre le golfe d'Oman et le golfe du Bengale. — **649.** Quel nom donne-t-on à la partie méridionale de l'Indo-Chine ? — **650** et **651.** Décrivez les côtes de l'Asie entre le cap Romania et la mer de Behring. — **652.** entre la mer de Behring et les côtes septentrionales de l'Europe.

RELIEF DU SOL. — **653.** Quelles sont les principales plaines de l'Asie ? — **654.** Qu'est-ce que le Plateau central de l'Asie ? — **655.** Quelles sont les montagnes qui bordent et traversent le Plateau central de l'Asie ? — **656.** Qu'est-ce que le plateau du Thibet ? — **657.** Citez d'autres plateaux en Asie que le Plateau central ? — **658.** Citez d'autres montagnes d'Asie que celles qui bordent ou traversent le Plateau central. — **659.** Où sont situés les principaux volcans de l'Asie ?

COURS D'EAU ET LACS. — **660.** Quels sont les cours d'eau de l'Asie qui se jettent dans l'océan glacial Arctique ? — **661.** dans les mers et golfes formés par l'océan Pacifique ? — **662.** Dans les mers et golfes formés par l'océan Indien ? — **663.** Dans les mers intérieures et lacs ? — **664.** Citez quelques lacs de l'Asie.

RUSSIE D'ASIE. — **665.** A quelles nations européennes appartient la moitié de l'Asie ? — **666.** Quelles sont les régions qui composent la Russie d'Asie ? — **667.** Parlez de la Sibérie. — **668.** des possessions russes dans l'Asie centrale. — **669.** de la Transcaucasie et de l'Arménie russe.

663. Tous les fleuves de l'Asie ne se jettent pas dans des mers extérieures; il en existe quelques-uns qui ont leur embouchure dans des mers intérieures ou dans des lacs. Tels sont le *Syr-Déria* et l'*Amou-Déria* (ou Oxus), tous deux sortis du Plateau central et qui aboutissent à la mer intérieure d'Aral, — le *Tarim* qui se perd dans un lac du Plateau central.

664. Les principaux lacs de l'Asie sont : le *Baïkal* et le *Balkach*, en Sibérie, — quelques lacs sans écoulement dans le Plateau central, — la petite, mais célèbre mer *Morte* (ou lac Asphaltite), en Palestine.

ASIE POLITIQUE

665. Une moitié de l'Asie appartient aux Russes, aux Anglais, aux Turcs, aux Français, aux Portugais; l'autre moitié est occupée par des États indépendants.

RUSSIE-D'ASIE

666. La Russie d'Asie comprend : la Sibérie, des possessions dans l'Asie Centrale, la Transcaucasie, l'Arménie russe.

667. Sibérie. — La partie montagneuse de la Sibérie renferme des mines d'*or* très riches. Les villes principales sont : *Tobolsk*, au confluent du Tobol et de l'Irtych, — *Omsk*, — *Tomsk*, sur la route commerciale de la Chine, — *Irkoutsk*, sur l'Angara, — *Kiakhta*, sur la frontière de la Chine, — *Iakoutsk* sur la Léna, — les ports de *Nicolaievsk* et *Vladivostok* sur la côte orientale.

668. Possessions russes de l'Asie centrale. — Ces possessions sont ordinairement désignées sous le nom de *Turkestan russe*. Les villes principales sont *Tachkend*, *Samarcande*, *Kokand*, *Khiva*, *Merv*, *Boukhara*, *Sarachs*.

669. Transcaucasie et Arménie russe. — La Transcaucasie comprend les provinces russes situées au sud du Caucase. La ville prin-

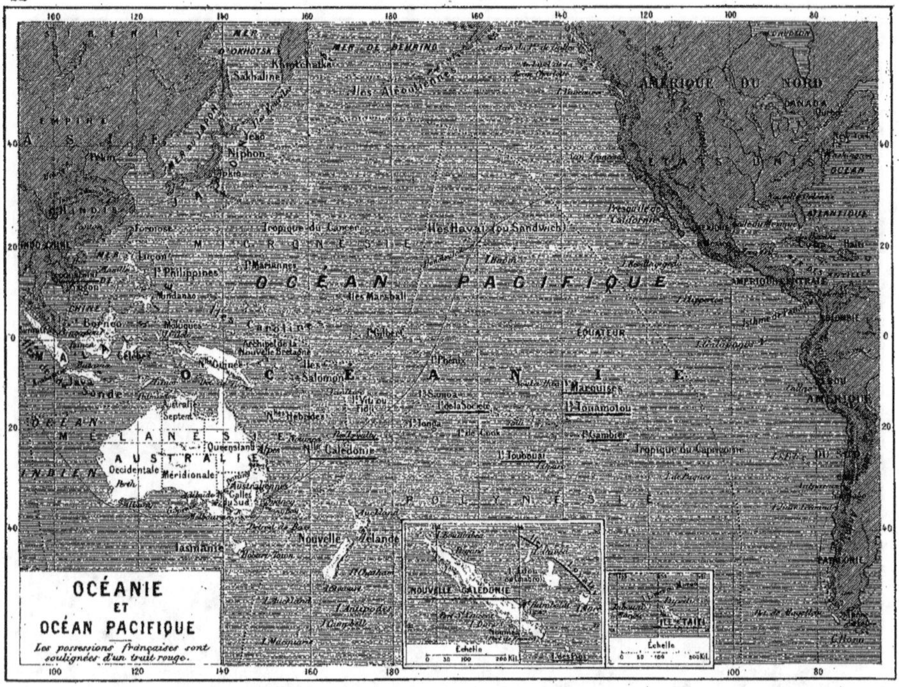

RÉGIONS POLAIRES

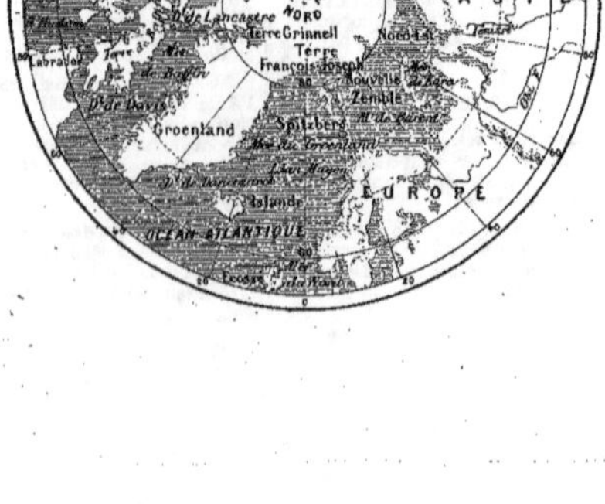

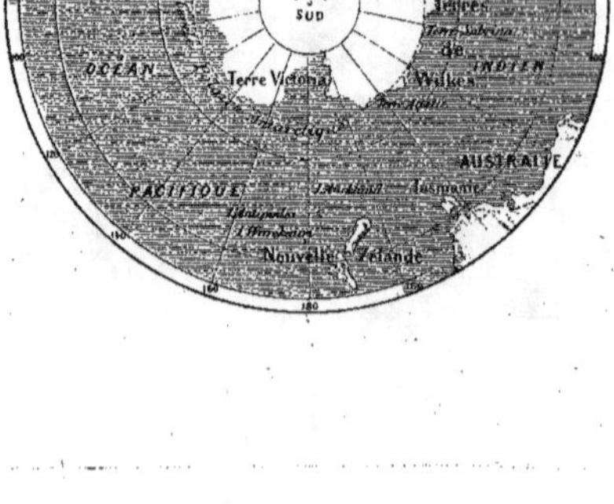

cipale est *Tiflis*. — L'Arménie russe a pour villes principales *Batoum* et *Kars*.

ASIE ANGLAISE

670. L'Asie anglaise comprend : l'Inde anglaise (Inde et Birmanie anglaise), les établissements du Détroit, l'île de Ceylan, et plusieurs autres possessions moins importantes.

671. Inde anglaise. — L'Inde anglaise (environ 250 millions d'hab.) est un pays extraordinairement riche en produits agricoles : **blé, coton, riz, opium** (1) ; on y trouve aussi de la *houille*, du *cuivre* et des *pierres précieuses*. — Les villes principales sont **Bombay** (750 000 hab.), grand port sur la côte occidentale, — **Calcutta** (700 000 hab.), chef-lieu des possessions anglaises dans l'Inde, sur un des bras du Gange, — MADRAS, sur la côte orientale, — LUCKNAU, — BÉNARÈS, — AGRA, — ALLAHABAD, au confluent du Gange et du Djemnah, — HAÏDERABAD, dans le Dekkan, — RANGOUN, dans la Birmanie.

672. Établissements du Détroit. — Ces établissements, situés le long de la presqu'île et du détroit de Malacca, ont pour ville principale **Singapour**, grande place de commerce.

673. Ceylan et autres possessions. — L'Angleterre possède aussi la grande île de **Ceylan**, située au sud de l'Inde, — la petite île de *Hong-Kong*, sur les côtes de Chine, — la petite île de *Labouan*, près de Bornéo, où se trouvent des dépôts de charbon, — l'îlot de *Périm* et le port d'*Aden*, au sud-ouest de l'Arabie, qui a une grande importance parce qu'il se trouve à l'entrée de la mer Rouge, — l'île de *Chypre*, dans la Méditerranée, près des côtes de la Turquie d'Asie.

ASIE TURQUE

674. L'Asie Turque comprend la Turquie d'Asie et la région côtière de l'Arabie, baignée par la mer Rouge.

675. Turquie d'Asie. — La Turquie d'Asie (Asie mineure, Arménie turque, Mésopotamie, Syrie) fait un assez grand commerce avec l'Europe. — Ses villes principales sont : *Smyrne*, grand port sur la Méditerranée, — *Damas* (en Syrie), — *Alep*, — *Beyrouth*, — *Brousse*, — *Erzeroum*, — *Kaisarié*, — *Bagdad*, sur le Tigre, — *Jérusalem*, en Palestine (Syrie).

676. Arabie Turque. — L'Arabie turque, d'où l'on tire du café, de la gomme, comprend le *Hedjaz* et le *Yémen*. Les principales villes sont : *la Mecque*, *Médine*, *Sana*, *Moka*.

ASIE FRANÇAISE ET PORTUGAISE

677. La France occupe une partie de l'*Indo-Chine* et elle possède quelques *comptoirs* (Pondichéry, Chandernagor, Karikal, Yanaon, Mahé), dans l'*Inde anglaise*.

1. *Opium*, suc épaissi tiré des capsules du pavot. Les Orientaux mâchent ou fument ce produit pour se procurer le sommeil. L'abus de l'opium est des plus dangereux ; il conduit à l'imbécillité, puis à la mort.

La partie de l'Indo-Chine occupée par la France comprend : 1° la colonie de **Cochinchine**, capitale **Saïgon**, villes principales : *Mytho*, *Cholon*, *Hatien*, *Chaudoc*; le **Tonkin**, cap. **Ha-Noï**, sur le fleuve Rouge, villes principales : *Bac-Ninh*, *Song-taï*; 2° deux États protégés : l'**Annam**, cap. *Hué*, et le **Cambodge**, cap. *Pnom-Penh*.

678. — Les Portugais possèdent les comptoirs de *Goa* et de *Diu*, sur la côte occidentale de l'Inde, et le port de *Macao* sur les côtes de Chine.

ÉTATS ASIATIQUES INDÉPENDANTS

679. Les États asiatiques indépendants sont : la Chine, — le Japon, — la Corée, — quelques autres États situés sur le plateau de l'Iran, dans l'Indo-Chine, dans l'Arabie.

680. Chine. — L'Empire Chinois (ou Empire du Milieu) est plus peuplé (400 millions d'hab.) que l'Europe. Il comprend la **Chine proprement dite** et des **pays tributaires** (Mandchourie, Mongolie, Thibet, Dzoungarie, Turkestan oriental).

La Chine est le pays qui produit le plus de **riz**, de **thé**, de **soie**; son sol renferme une quantité énorme de *houille* et de *métaux*.

La capitale de la Chine est **Pékin** (1 million d'hab.). — Parmi les villes principales de l'empire Chinois, on peut citer : le grand port de CANTON ; — SIANG-TAN ; — SI-NGAN ; — TCHANG-TCHÉOU ; — *Tien-Tsin* ; — *Fou-Tchéou* ; — *Kéou* ; — YIANG-TCHÉOU ; — *Chang-Haï* ; — *Yun-Nan* ; — *Nan-King* ; — *Lhassa*, dans le Thibet, — *Kachgar* et *Yarkand*, dans la région élevée du Turkestan oriental, — *Ourga*, en Mongolie.

681. Japon. — L'Empire du Japon (38 millions d'hab.) comprend surtout les quatre îles volcaniques de *Yéso*, *Niphon*, *Sikok* et *Kiou-Siou*. Le Japon est un pays montagneux et boisé; ses habitants sont *intelligents*, *studieux*, et ils s'appliquent à introduire chez eux les découvertes de la *science moderne*.

L'*industrie* (papier, scieries, objets de fantaisie) et le *commerce* (soie grège et œufs de vers à soie) y sont prospères.

La capitale du Japon est **Tokio** (1 200 000 h.) dans l'île de Niphon. Les autres villes importantes sont KIOTO, — OSAKA, — KAGOSIMA, — *Yokohama*.

682. Corée. — La Corée, presqu'île située à l'est de la Chine, a pour capitale *Séoul*.

683. États du plateau de l'Iran. — Le principal de ces États est le royaume de **Perse** (ou de l'Iran), capitale *Téhéran* ; villes principales *Tauris*, *Ispahan*, *Méched*.

Les autres États sont l'**Afghanistan**, capitale *Caboul*, qui isole les possessions russes des possessions anglaises, — le **Béloutchistan**, cap. *Kélat*.

684. États de l'Indo-Chine. — Les deux États de l'Indo-Chine ayant conservé une certaine indépendance, sont l'empire de **Birmanie**, cap. *Mandalé*, — le royaume de **Siam**, cap. *Ban-kok*.

685. États de l'Arabie. — Ce sont l'État d'**Oman**, dont la capitale est le port de *Mascate*, — la contrée des **Ouahabites**, où se trouve la grande oasis centrale du *Nedjed*.

OCÉANIE PHYSIQUE

(suivre sur la carte ci-contre.)

686. L'**Océanie** comprend les nombreuses îles répandues dans la région méridionale de l'océan Pacifique.

Parmi ces îles, il en est de fort petites comme celles qui se trouvent du côté de l'Amérique ; il en est aussi de très grandes comme celles qui avoisinent l'Asie. Une de ces dernières, l'**Australie**, atteint même des proportions si considérables qu'on la considère comme un véritable *continent*.

687. Le groupe d'îles (Sumatra, Java, Timor, Banca, Bornéo, Célèbes, Moluques, Philippines) le plus rapproché de l'Indo-Chine, porte le nom d'archipel **Malais** ou **Malaisie** ; il sert de trait d'union entre l'Asie et les terres océaniennes proprement dites.

A l'est de la Malaisie est un groupe de petites îles (Carolines, Mariannes), appelé *Micronésie*, — au sud de l'archipel malais est un groupe de terres (Australie, Nouvelle Guinée, Tasmanie, Nouvelle-Calédonie) qui porte le nom générique de *Mélanésie*. — Enfin, entre la Mélanésie et l'Amérique, se trouve la *Polynésie*, composée d'une infinité d'îles dont quelques-unes seulement, comme les deux qui forment la Nouvelle-Zélande, ont une assez grande superficie.

Toutes les îles de la Malaisie ont de nombreux volcans. En 1883, l'éruption de l'un d'eux, dans l'île de *Krakatau*, a rendu impraticable le détroit de la Sonde et a fait périr dans les parties voisines de Sumatra et Java plus de 50 000 personnes.

OCÉANIE POLITIQUE

688. Presque toutes les terres océaniennes appartiennent aux *Européens*.

689. Possessions anglaises. — Les Anglais possèdent le continent **Australien**, la *Tasmanie*, la *Nouvelle Zélande*, une partie de la *Nouvelle Guinée* et de *Bornéo*.

690. L'**Australie** est un plateau bordé du côté de l'océan Pacifique par les *Alpes australiennes*, montagnes ayant 2 000 mètres de hauteur. L'intérieur du plateau australien est occupé par un *désert* pierreux. Le *Murray* et son affluent le *Darling* sont les principaux cours d'eau.

691. L'Australie, dont la superficie représente les trois quarts de celle de l'Europe, n'a que deux millions d'habitants. — Le sol contient des mines d'or très productives et d'immenses **pâturages**, nourrissant plus de 50 millions de moutons.

692. Les deux villes principales de l'Australie sont les ports de *Melbourne* et de *Sydney*.

693. Possessions hollandaises. — Les possessions hollandaises, ou *Indes néerlandaises*, comprennent les îles de **Java**, de *Sumatra*, qui font partie de l'archipel de la Sonde, — les îles de *Célèbes*, les *Moluques*, une partie de *Bornéo* et de la *Nouvelle Guinée*.

694. Java est une île très peuplée (18 millions d'hab.), et qui produit beaucoup de **café** et de **sucre**. La capitale est **Batavia**.

695. Possessions espagnoles. — Les possessions espagnoles, en Océanie, sont l'archipel

ASIE ANGLAISE, ASIE TURQUE. — **670.** Quelles sont les régions qui composent l'Asie anglaise ? — **671.** Quels sont les principaux produits de l'Inde anglaise ? — Citez les villes importantes de l'Inde anglaise ? — **672.** Parlez des établissements du Détroit. — **673.** Parlez de Ceylan et des autres petites possessions anglaises en Asie. — **674.** Quelles sont les régions qui composent l'Asie turque ? — **675.** Parlez de la Turquie d'Asie. — **676.** de l'Arabie turque.

ASIE FRANÇAISE ET PORTUGAISE, ÉTATS INDÉPENDANTS. — **677.** Quelles sont, avec les villes principales, les possessions françaises en Asie ? — **678.** Citez quelques possessions portugaises en Asie. — **679.** Quels sont les États asiatiques indépendants ? — **680.** Parlez de l'empire Chinois. — **681.** du Japon. — **682.** de la Corée. — **683.** Quels sont, avec leurs capitales, les États indépendants du plateau de l'Iran ? — **684.** de l'Indo-Chine ? — **685.** de l'Arabie ?

Océanie. — **686.** Que désigne-t-on sous le nom d'Océanie ? — **687.** Que désigne-t-on sous les noms de Malaisie, de Micronésie, de Mélanésie, de Polynésie ? — **688.** A qui appartiennent presque toutes les terres Océaniennes ? — **689.** Quelles sont les principales possessions anglaises en Océanie ? — **690.** Parlez du relief et des cours d'eau de l'Australie. — **691.** Quelles sont les productions de l'Australie ? — **692.** Quelles sont les deux principales villes de l'Australie ? — **693.** Quelles sont les principales possessions hollandaises en Océanie ? — **694.** Parlez de Java. — **695.** Quelles sont les principales possessions espagnoles en Océanie ?

des **Philippines**, dont les principaux produits sont le *sucre* et le *tabac*. La plus importante des îles Philippines est *Luçon*, capitale *Manille*.

696. Possessions françaises. — Les principales possessions françaises en Océanie sont : la *Nouvelle-Calédonie*, cap. Nouméa, — l'archipel des *Marquises*, dont la principale île est *Nouka-Hiva*, — l'île de *Taïti*, chef-l. Papeiti, — les archipels de *Tuamotou*, de *Gambier*, de *Toubouaï*.

697. Iles indépendantes. — Les plus importantes sont l'archipel volcanique des *Havaï* dont la principale île est *Havaï*. Les îles de cet archipel forment un royaume dont la capitale est *Honoloulou* (dans la petite île d'Oahou). Honoloulou est un port de relâche pour les navires qui se rendent à San-Francisco (États-Unis), à Canton (Chine) et à Sydney (Australie).

On désigne encore assez souvent l'archipel Havaïen sous le nom d'îles *Sandwich* qui lui avait été donné par le grand navigateur anglais Cook (voir n° 739).

RÉGIONS POLAIRES

(Suivre sur les cartes, page 42.)

698. Les terres et mers qui avoisinent les pôles portent le nom de *régions polaires.* — Les terres polaires situées dans le voisinage du pôle nord sont les *terres boréales* ou *arctiques;* les terres polaires situées près du pôle sud sont les *terres polaires australes* ou *antarctiques*.

Dans ces régions où les rayons du soleil n'arrivent qu'obliquement, il fait un froid intense, et la nuit et le jour durent chacun six mois. Les terres arctiques sont parcourues par quelques tribus d'Esquimaux ; les terres antarctiques sont inhabitées.

699. Terres polaires boréales. — Les terres polaires boréales comprennent : 1° toute la partie *continentale* de l'Europe, de l'Asie et de l'Amérique située au nord du cercle polaire arctique ; 2° les *îles* qui se trouvent entre cette partie continentale et le pôle nord.

700. Parmi les îles polaires boréales, il faut citer : le *Spitzberg*, la *Nouvelle-Zemble*, la terre de *François-Joseph*, au nord de l'Europe ; — les îles de la *Nouvelle-Sibérie*, de *Wrangel*, au nord de l'Asie ; — l'archipel de *Parry*, le *Groenland*, au nord de l'Amérique.

Les mers qui baignent les terres polaires sont quelquefois débarrassées de leurs glaces pendant un certain temps de l'année. Les navires peuvent alors s'engager dans les espaces laissés libres et se rendre de l'océan Atlantique dans l'océan Pacifique : 1° par le **passage du nord-ouest** (détroit de Davis, mer de Baffin, détroits de Lancastre et de Behring) ; 2° par le **passage du nord-est** (mer de Kara, cap Tchéliouskine, détroit de Behring).

701. Terres polaires australes. — Les terres polaires australes sont très *éloignées* des extrémités sud de l'Australie, de l'Afrique et de l'Amérique. Les principales de ces terres polaires sont celles de *Wilkes*, d'*Enderby*, de *Graham*, situées sous le cercle polaire antarctique, et, plus près du pôle, la terre volcanique de *Victoria*.

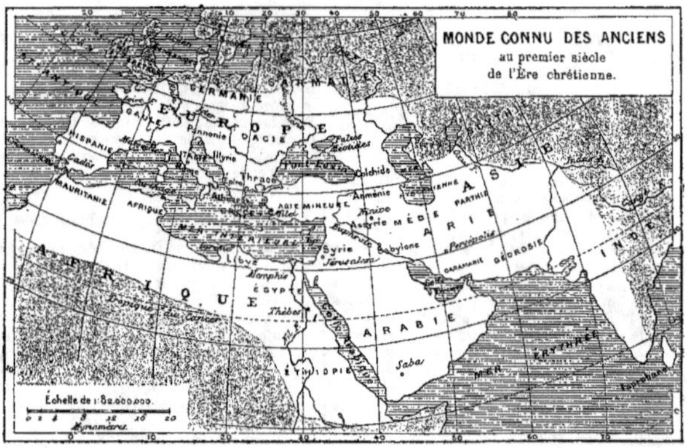

GRANDS VOYAGES

ET PRINCIPALES DÉCOUVERTES

702. La carte ci-dessus représente le *monde connu des Anciens* (1) au premier siècle de l'ère chrétienne ; le planisphère de la page 20 montre l'état actuel de nos connaissances géographiques.

C'est à quelques hardis navigateurs et explorateurs que nous devons la possession presque entière du globe. Parmi ces découvreurs il convient de citer plus particulièrement : Marco Polo, — Christophe Colomb, — Vasco de Gama, — Magellan, — Cook, — La Pérouse, — Dumont d'Urville, — Parry, — Livingstone.

Ajoutons que les missionnaires ont largement contribué aux progrès de la géographie, en fournissant de précieux renseignements sur les contrées où ils séjournaient.

Le fond même de la mer a été aussi exploré. Deux navires français : le *Travailleur* et le *Talisman* ont fait sous la direction de *M. Milne-Edwards*, des sondages et des dragages qui ont démontré que l'Océan a comme les continents ses montagnes, ses vallées, ses plaines.

DÉCOUVERTE DE L'AMÉRIQUE.

(Suivre sur les cartes, pages 34 et 37.)

703. Dès les neuvième et dixième siècles, les Norvégiens passèrent de l'Islande au Groenland, puis sur les rivages de l'Amérique du Nord ; cependant on doit considérer comme le véritable découvreur de l'Amérique **Christophe Colomb**, navigateur génois au service de l'Espagne, qui aborda le **12 octobre 1492** à San-Salvador (une des îles Lucayes, au nord des Antilles).

(1) Par les Anciens, on entend les Grecs et les Romains.

704. Quelque temps après il découvrait Cuba, Haïti, et dans trois voyages entrepris plus tard, Puerto-Rico, la Jamaïque, Honduras, Costa-Rica, les bouches de l'Orénoque.

705. Christophe Colomb croyait avoir atteint les *côtes orientales de l'Asie;* il ignorait qu'entre ces côtes et l'Europe occidentale *s'interposait* l'immense continent américain.

706. De retour de son quatrième voyage, Christophe Colomb, qui avait donné un monde au roi d'Espagne, fut calomnié et mourut misérablement (1506).

L'injustice le poursuivit jusqu'après sa mort car l'usage donna au nouveau continent le nom du florentin *Améric Vespuce* qui, au retour d'un voyage accompli en 1499, publia une description vulgarisant les découvertes faites dans la nouvelle partie du globe.

707. Pendant que Christophe Colomb exécutait ses quatre grands voyages (de 1492 à 1502), d'autres navigateurs atteignaient aussi l'Amérique ; c'est ainsi que Jean et Sébastien *Cabot*, vénitiens au service de l'Angleterre, débarquaient à Terre-Neuve (1497), et que le portugais *Cabral* abordait, par hasard, au Brésil (1500).

En 1509, *de Solis* découvrit le Rio de la Plata, et *Ponce de Léon*, la Floride en 1512.

En 1513, *Balboa* traversa l'isthme de Panama et vit le Grand Océan.

En 1519, *Fernand Cortez* entreprit pour l'Espagne la conquête du Mexique.

708. En 1521, le grand navigateur portugais **Magellan** qui était au service de l'Espagne, partit des côtes d'Europe, arriva en Patagonie par l'Atlantique, traversa le détroit de l'Amérique du Sud qui porte son nom, puis le Grand Océan

696. Quelles sont les principales possessions françaises en Océanie ? — 697. Parlez de l'archipel des Havaï.

Régions polaires. — **698.** Que désigne-t-on sous le nom de régions polaires ? — **699.** Que comprennent les terres polaires boréales ? — **700.** Citez quelques îles polaires boréales. — **701.** Quelles sont les principales terres polaires australes ?

Grands voyages et principales découvertes. — **702.** Énumérez les grands navigateurs et explorateurs qui se sont le plus signalés par leurs voyages et leurs découvertes aux pôles et dans les cinq parties du monde.

Découverte de l'Amérique. — **703.** Quels sont ceux qui ont les premiers abordé au continent américain ? — Quel chemin ont-ils suivi ? — Qui doit-on considérer néanmoins comme le véritable découvreur de l'Amérique ? — Quelle était la nationalité de Christophe Colomb et au service de quel pays était-il ? — Quel est le nom de l'île américaine où Christophe Colomb aborda en premier ? — En quelle année ? — **704.** Quelles sont les îles et les régions découvertes ensuite par Christophe Colomb ? — **705.** Dans quelle partie du monde, Christophe Colomb croyait-il se trouver ? — **706.** Combien de voyages Christophe Colomb fit-il en Amérique ? — Quelle fut la fin de Christophe Colomb ? — D'où vient le nom d'Amérique donné au nouveau continent découvert par Christophe Colomb ? — **707.** Parlez de Jean et Sébastien Cabot, de Cabral, de Solis, de Ponce de Léon, de Balboa, de Fernand Cortez. — **708.** Tracez l'itinéraire que suivit Magellan pour se rendre d'Europe en Océanie. — Quelle était la nationalité de Magellan ? — Où Magellan fut-il tué ? — Où se trouve le détroit de Magellan ? — Tracez l'itinéraire suivi par Cano pour ramener en Europe le navire sur lequel avait navigué Magellan. — Combien de temps avait duré ce premier voyage autour du monde ?

qu'il appela océan *Pacifique* et atteignit les îles Philippines (Océanie) où il fut tué.

Cano, un de ses lieutenants, ramena en Espagne par l'océan Indien et le cap de Bonne-Espérance, le navire sur lequel avait navigué Magellan.

Ainsi s'accomplit le *premier voyage autour du monde;* il avait duré trois ans.

709. En 1526, *Pizarre* parvint au Pérou et soumit ce pays à la domination espagnole.

En 1534, le français *Jacques Cartier* entra dans le golfe du fleuve Saint-Laurent et y créa la colonie de la *Nouvelle-France* (Canada) qui acquit bientôt une importance réelle lorsque Champlain bâtit Québec (1608). Pendant ce temps se fondait la colonie anglaise de la *Nouvelle-Angleterre*, berceau des États-Unis.

710. En 1682, le français *Cavelier de la Salle* descendit le Mississipi et donna le nom de *Louisiane* à la région occupée par la vallée de ce fleuve.

En 1736, le savant français *La Condamine*, qui avait été chargé de mesurer un degré du méridien sous l'équateur, reconnut le bassin de l'Amazone.

711. De 1799 à 1804 la Colombie et le Mexique furent visités par l'allemand *Alexandre de Humboldt*, qui publia de savantes relations de ses voyages.

712. Depuis cette époque les explorations de l'Amérique ont été fort nombreuses; dans l'une d'elles (en 1882), un de nos compatriotes, le docteur *Crevaux*, a été massacré par des Indiens sur les bords du Pilcomayo (Amérique du Sud).

Les restes de la mission Crevaux ont été retrouvés par le français *Thouars* qui s'est rendu du Pacifique à l'Atlantique par le désert du grand Chaco.

DÉCOUVERTES EN ASIE.

(Suivre sur la carte, page 41.)

713. Quoique l'Asie soit vraisemblablement le berceau du genre humain, cette partie du monde est restée longtemps peu connue des Européens.

Les guerres *médiques* (de 504 à 479 av. J. C.), puis la conquête de la monarchie persane par *Alexandre le Grand*, et plus tard les guerres des *Romains* avec les Parthes, étendirent les connaissances géographiques sur l'Asie. Cependant ce ne fut réellement qu'à partir de l'époque des *Croisades* que l'on obtint des notions précises sur cette immense région terrestre.

714. Ces notions nous ont été fournies surtout par **Marco Polo** (né à Venise en 1250), qui voyagea en Asie pendant près de vingt-cinq ans, séjournant dans le Turkestan, la Mongolie, le Bengale, le royaume de Cathaï (Chine).

De retour dans son pays, Marco Polo donna une relation de ses voyages qui excita au plus haut point l'enthousiasme de ses contemporains.

715. En 1498, deux siècles environ après la mort de Marco Polo et six ans après la découverte de l'Amérique par Christophe Colomb, le grand navigateur portugais **Vasco de Gama** doubla le cap de Bonne-Espérance et débarqua à Calicut (côte occidentale de l'Inde).

La route maritime de l'Inde était dès lors trouvée, et ce fut à qui des Anglais, des Hollandais et des Français établirait des comptoirs pour l'exploitation des Indes orientales.

716. En 1510, le portugais *Albuquerque*, s'établit à Goa (Inde) et en 1543, son compatriote *Pinto* aborda par hasard au Japon, dont Marco Polo avait entendu parler sous la désignation de *Zipangu*, mais qu'il n'avait pu visiter.

En 1553, les *Moscovites* franchirent les monts Ourals à la recherche de l'or et des animaux à fourrures, et en 1578, le cosaque *Yermak* commença la conquête de la Sibérie.

717. En 1604, les Français créèrent la première *Compagnie de l'Inde orientale* à laquelle succédèrent cinq autres compagnies jusqu'en 1790.

En 1728, le navigateur *Behring* découvrit le détroit qui porte son nom et constata la séparation de l'Asie et de l'Amérique.

718. En 1746, le célèbre **Dupleix**, gouverneur des établissements français dans l'Inde, vainquit les Anglais, les chassa de Madras et par une politique habile devint le maître de toute l'Inde méridionale. Il fut malheureusement désavoué par la Compagnie des Indes, qui signa avec les Anglais une convention honteuse. Quelques années plus tard (en 1761), le gouvernement français lui-même abandonna son successeur *Lally-Tollendal* et la France acheva de perdre pour toujours son influence dans l'Inde.

719. Parmi les explorations ou expéditions militaires de ce siècle qui ont étendu nos connaissances sur l'Asie, il faut citer : l'expédition *égyptienne* contre les Ouahabites du Nedjed et le voyage de *Palgrave*, qui ont fourni des informations sur l'intérieur de l'Arabie, — les expéditions *anglaises* dans l'Afghanistan, celles des *Russes* dans le Turkestan, — le voyage des frères *Schlagintweit* (1854-58) dans l'Inde, dans le Thibet et le Turkestan oriental.

720. Il faut mentionner encore l'expédition *franco-anglaise* contre la Chine (1860), — la prise de possession par la France de la *basse Cochinchine* (1862), — l'exploration du *Mé-Kong*, du *Yang-Tsé-Kiang*, du *Fleuve rouge* par des Français (Lagrée, Garnier, Dupuis), — les voyages en Chine de l'abbé français *David* (année 1866 et suivantes), — les reconnaissances du russe *Prjévalsky* dans le Thibet septentrional et la Mongolie (1871), — la conquête récente du *Tonkin* par nos soldats (1884).

DÉCOUVERTES EN AFRIQUE.

(Suivre sur la carte, page 38.)

721. Les Anciens ne connaissaient de l'Afrique que la partie qui se trouve au nord du Sahara et du Soudan ; pendant les conquêtes musulmanes, les Arabes descendirent au sud de l'équateur jusqu'à l'extrémité méridionale du canal de Mozambique.

722. En 1364, des marins dieppois fondèrent sur la côte de Guinée un petit établissement, et en 1497, le portugais **Vasco de Gama** partit de Lisbonne, doubla le cap de Bonne-Espérance qu'un de ses compatriotes, Barthélemy Dias, avait déjà découvert, puis il pénétra le premier dans l'océan Indien, parcourut la côte orientale d'Afrique et fit voile pour l'Inde où il débarqua à Calicut.

723. Mais le voyage de Vasco de Gama autour de l'Afrique et ceux qui furent exécutés par d'autres navigateurs portugais ne firent connaître que les *côtes* de ce continent; l'*intérieur restait inconnu*, et ce n'est qu'à partir de la fin du siècle dernier qu'il a été réellement exploré.

724. En 1795 l'écossais *Mungo-Park* remonta fort loin le Niger; — en 1822, une expédition anglaise, conduite par *Denham* et *Clapperton*, alla de Tripoli au lac Tchad à travers le Sahara; — en 1826, le major anglais *Laing* atteignit Timbouctou sans pouvoir y pénétrer.

725. En 1828, le Français *Caillé*, partit de la Gambie et, au prix de souffrances inouïes, arriva au Maroc après avoir pénétré dans Timbouctou et avoir traversé le Sahara : tout dernièrement l'autrichien *Lenz* a fait le même voyage, mais en sens inverse.

Rappelons encore l'exploration du docteur allemand *Barth*, qui visita le Soudan et publia une savante relation sur cette région africaine.

726. De 1859 à 1869, les anglais *Burton* et *Speke* se rendirent de Zanzibar au lac Tanganyika, et, en 1863, *Speke* découvrit les sources du Nil ; — en 1867, le docteur *Schweinfurth* reconnut le bassin du Bahr-el-Gazal (affluent du Nil blanc).

727. Les bassins du Zambèze et du Congo ont été l'objet de nombreuses explorations ; il convient de citer en première ligne celles exécutées par **Livingstone**, le plus grand des voyageurs modernes, tant par les découvertes qu'il fit que par le respect qu'il sut inspirer à toutes les peuplades au milieu desquelles il vécut pendant trente-trois ans.

728. David Livingstone (né en Écosse en 1815) arriva au Cap en 1840 en qualité de missionnaire protestant. Il traversa le détroit de Kalahari, découvrit le lac Ngami, puis atteignit le Zambèze, où il aperçut la magnifique chute Victoria. Dans un autre voyage, il découvrit les lacs Nyassa et Bangouélo et le Chiré (affluent de gauche du Zambèze).

729. Pendant quelque temps on n'entendit plus parler de lui. Un journal américain envoya à sa recherche *Stanley*, qui réussit à travers mille périls à rencontrer Livingstone à Oudjidji, sur le lac Tanganyika (1871).

730. Deux années plus tard (1873), Livingstone mourut de la dysenterie, et son corps, ramené à Zanzibar par le lieutenant de marine *Cameron*, fut transporté à Londres et déposé dans l'abbaye de Westminster. En souvenir de cet homme illustre, on a proposé de donner son nom au fleuve le Congo.

731. Après la mort de Livingstone, *Cameron* se rendit de Zanzibar à Saint-Paul de-Loanda,

---

709. Parlez de Pizarre, de Jacques Cartier, de la colonie anglaise de la Nouvelle-Angleterre. — **710.** Quelles sont les régions qui ont été reconnues par les Français Cavelier de la Salle et La Condamine? — **711.** Quelles ont été les régions explorées par le savant Alexandre de Humboldt? — **712.** Parlez d'une exploration récente en Amérique où l'un de nos compatriotes a été massacré.

DÉCOUVERTES EN ASIE. — **713.** Quelles sont les grandes guerres des temps anciens et du moyen âge qui nous ont fait connaître l'Asie? — **714.** Parlez de Marco Polo. — **715.** Quel est l'itinéraire que suivit Vasco de Gama pour se rendre dans l'Inde? — **716.** Par qui fut commencée la conquête de la Sibérie? — **717.** Quel était le nom de la première compagnie que les Français fondèrent dans l'Inde? — Parlez du navigateur Behring. — **718.** Parlez de Dupleix et de Lally-Tollendal. — **719** et **720.** Citez les principales explorations et expéditions militaires de ce siècle en Asie.

DÉCOUVERTES EN AFRIQUE. — **721.** Quelles étaient les parties de l'Afrique connues des Anciens et des conquérants musulmans? — **722.** Par qui le cap de Bonne-Espérance a-t-il été doublé pour la première fois? — **723.** A partir de quelle époque a-t-on commencé réellement à explorer l'intérieur de l'Afrique? — **724.** Parlez de Mungo-Park, de Denham et Clapperton, du major Laing. — **725.** Parlez des voyages de Caillé, de Lenz et de Barth. — **726.** Parlez de Burton et Speke, de Schweinfurth. — **727.** Par quel grand voyageur les bassins du Zambèze et du Congo ont-ils d'abord été explorés? — **728, 729, 730.** Racontez la vie de Livingstone et citez ses principales découvertes. — **731.** Parlez de l'anglais Cameron.

c'est-à-dire en traversant toute l'Afrique méridionale; durant ce voyage, il découvrit que les eaux du Tanganyika s'écoulaient dans le Congo.

732. Depuis Cameron, *Stanley* et le portugais *Serpa Pinto*, ont aussi réussi à traverser l'Afrique dans sa largeur.

En 1875 et les années suivantes, Stanley a exploré le lac Nyassa (ou Victoria Nyanza), le lac Louta N'zigé (ou Albert); il a reconnu le Congo jusqu'à son embouchure. Il s'efforce actuellement de créer, le long de ce fleuve, des établissements de commerce et de civilisation pour le compte de l'Association internationale africaine.

733. Parmi les explorateurs français de l'Afrique, il faut citer *Savorgnan de Brazza*, qui a reconnu tout l'espace compris entre le Gabon et le Congo et fondé pour la France des comptoirs destinés à nous assurer une forte position dans cette partie de l'Afrique, — *Duveyrier*, le savant qui connaît le mieux le Sahara et ses populations, — d'*Abaddie*, l'érudit voyageur de l'Abyssinie, — le général *Faidherbe*, *Raffenel*, *Mage*, le docteur *Bayol*, les missions militaires *Galiéni* et *Borgnis-Desbordes* qui ont beaucoup fait pour la géographie du Sénégal, — *Grandidier* et *Ch. Tissot* qui nous ont fait connaître, le premier, Madagascar, le second, le Maroc.

734. Enfin il ne faut pas oublier que l'expédition d'*Égypte* en 1798, la conquête de l'*Algérie* (1830) et celle de la *Tunisie* (1883), ont donné naissance à des travaux géographiques très complets sur ces différents pays.

DÉCOUVERTES EN OCÉANIE.

(Suivre sur la carte, page 42.)

735. Les premières terres océaniennes qui aient été connues des Européens, sont celles de l'archipel malais, voisin de l'Asie; elles furent découvertes par les *Arabes*.

736. De 1510 à 1526, les *Portugais* s'établirent dans l'archipel de la Sonde et à Célèbes et Bornéo; — en 1520, les Espagnols abordèrent aux Philippines par la route du Grand Océan sous la conduite de **Magellan**.

De 1595 à 1600, les *Hollandais* fondèrent leurs premiers établissements dans les îles de la Sonde, et en 1624 et 1660, ils enlevèrent aux Portugais Java, Célèbes, Bornéo.

737. Les premières explorations de l'Australie eurent lieu au commencement du dix-huitième siècle, et furent faites par des Hollandais. La plus connue est celle **d'Abel Tasman**, célèbre navigateur qui reconnut en 1643 les côtes occidentales et méridionales, et découvrit la Tasmanie. C'est donc avec justice que le continent découvert porta d'abord le nom de Nouvelle-Hollande, nom que les Anglais ont changé depuis en celui d'Australie.

738. Cent vingt-cinq ans après Tasman, l'exploration de l'Australie fut reprise par **James Cook**, navigateur anglais.

Cook, dont les parents étaient domestiques de ferme, s'engagea comme mousse à l'âge de 13 ans et parvint rapidement au grade d'officier. De 1768 à 1779, il fit trois grands voyages, où il vit beaucoup de terres nouvelles et d'autres déjà découvertes dont il détermina scientifiquement la position sur le globe.

739. Dans le premier voyage, il toucha à Rio-de-Janeiro, doubla le cap Horn, se rendit à Taïti puis à la Nouvelle-Zélande, et explora la côte orientale de l'Australie dont il prit possession au nom de l'Angleterre.

Dans le deuxième voyage, Cook prit la route du cap de Bonne-Espérance et découvrit les Nouvelles-Hébrides et la Nouvelle-Calédonie.

Dans le troisième voyage, il reconnut les Sandwich et fut massacré dans une des îles (Havaï) de cet archipel.

740. Après Cook, il faut citer comme explorateurs de l'Australie: *Flinders* (1798), qui démontra que l'Australie n'était qu'une seule masse continentale, — *Stuart* (1862), qui réussit à se rendre par terre du golfe Spencer à l'un des golfes de l'Australie septentrionale, — *Warburton et John Forest*, qui traversèrent le continent australien dans le sens de sa latitude, — *Eyre*, *Burke*, *Leychardht*, dont les voyages ont été très profitables à la colonisation.

741. La France a eu aussi des navigateurs célèbres dans le Grand Océan et les mers Antarctiques, tels sont: Bougainville, La Pérouse, Dumont d'Urville.

Bougainville (né en 1727, mort en 1811) fit un voyage autour du monde dans lequel il explora les îles Tuamotou, Taïti, les îles Samoa, les Nouvelles-Hébrides et la Nouvelle-Guinée.

742. La Pérouse, chargé en 1785, par Louis XVI, d'entreprendre un voyage de découvertes, partit de Brest avec les frégates *la Boussole* et *l'Astrolabe*. Il doubla d'abord le cap Horn, gagna les Sandwich, puis la côte occidentale de l'Amérique du Nord; de là il traversa le Pacifique, reconnut les côtes de l'Asie orientale et y découvrit le détroit qui porte son nom (entre les îles de Yéso et de Sakhaline).

743. La Pérouse revint alors vers le sud, et gagna Botany-Bay (Australie), qu'il quitta (1788) pour une destination restée longtemps inconnue, car on n'entendit plus parler de lui pendant vingt-huit ans, malgré l'expédition qui fut envoyée à sa recherche, et qui était commandée par l'amiral *d'Entrecastreaux*.

Ce n'est qu'en 1826 que le capitaine anglais *Dillon* découvrit dans la petite île de Vanikoro (archipel de Santa-Cruz, au sud-est des îles Salomon), les débris de l'expédition de La Pérouse, qui avait fait naufrage en cet endroit.

744. Dumont d'Urville, né en 1791, fut chargé en 1826, d'une expédition scientifique. Il partit pour l'Océanie et se rendit à Vanikoro, y recueillit de nouveaux débris du naufrage de La Pérouse, puis s'avança dans les mers Antarctiques où il découvrit plusieurs terres (terres d'Adélie, de Louis-Philippe, de Joinville). Il rentra ensuite en France et périt dans un accident de chemin de fer entre Versailles et Paris (1842).

EXPLORATIONS AUX PÔLES.

(Suivre sur les cartes, page 42.)

745. Pôle Nord. — Les premières explorations au pôle nord ont commencé au quinzième siècle, avec Sébastien Cabot, qui pénétra jusqu'au delà du cercle polaire; elles ont continué au seizième siècle avec *Davis*, qui trouva le détroit de Davis (1585).

Au dix-septième siècle, *Hudson* et *Baffin* découvrirent les mers qui portent leurs noms.

746. Au dix-neuvième siècle parmi les grands navigateurs à la recherche du **passage du Nord-Ouest**, nous voyons figurer *Parry*, *Ross*, *John Franklin*, *Mac-Clure*, *Kellet*, *Hayes*, *Hall*, *Nares*. Mentionnons encore l'expédition récente de la *Jeannette*, qui s'est terminée si malheureusement.

747. Parry était né en Angleterre en 1790. Il essaya d'abord avec Ross, puis tout seul, de se rendre de l'océan Atlantique à l'océan Pacifique, à travers les glaces polaires. En 1819, il franchit le détroit de Lancastre, le détroit de Barrow, et découvrit un ensemble de terres qu'on a appelé depuis l'*archipel Parry*. Il entreprit trois autres voyages et dans le dernier (1827), il parvint à 82°45 de latitude nord; ce point boréal fut dépassé en 1876, par *Nares*, qui atteignit 83° 20'.

748. Parmi les navigateurs et savants à la recherche du **passage du Nord-Est**, il faut citer *Sébastien Cabot*, *Willoughby*, *Chancelor*, *Barents*, *Payer* et *Weyprecht*, *Nordenskiœld*.

749. C'est à **Nordenskiœld** que revient l'honneur de la découverte du passage du Nord-Est. Parti d'un port norvégien, il traversa la mer de Kara et arriva à l'embouchure de l'Iénisséi. De là, il contourna la presqu'île de Taïmour, et après avoir longé la côte sibérienne, il entra dans le Pacifique.

750. Pôle Sud. — Jusqu'au dix-neuvième siècle le cercle polaire antarctique fut dépassé plusieurs fois par des navigateurs *anglais*, mais sans résultats.

En 1819, une expédition *russe* découvrit plusieurs terres, et en 1831, *Biscœ* aperçut les terres de Graham et d'Enderby.

De 1839 à 1842, **Dumont d'Urville** (dont nous avons déjà cité les découvertes en Océanie), et l'américain *Wilkes* découvrirent les terres d'Adélie et de Sabrina. **James Ross** s'avança jusqu'à 78° de latitude sud et reconnut la grande terre volcanique de Victoria.

RACES HUMAINES.

751. Principales races. — Les hommes sont très différents les uns des autres.

Ils se distinguent : 1° par la couleur de la peau (blanche, jaune, noire); — 2° par la structure du crâne (proportion de la longueur du crâne à sa largeur); — 3° par la conformation des dents incisives (dents plantées droites ou obliquement); — 4° par la largeur de l'orbite de l'œil; — 5° par la taille; — 6° par la nature des cheveux (lisses ou laineux); — 7° par la langue qu'ils parlent.

752. Malgré tant de différences, on peut ra-

---

732. Parlez de Stanley. — **733.** Citez quelques-uns des principaux explorateurs français en Afrique. — **734.** Citez quelques expéditions militaires françaises qui ont contribué à étendre nos connaissances géographiques sur l'Egypte, l'Algérie, la Tunisie.

DÉCOUVERTES EN OCÉANIE. — **735.** Quelles sont les premières terres océaniennes qui ont été connues des Européens? — **736.** Quels sont les Européens qui fondèrent les premiers des établissements dans l'archipel malais? — **737.** Parlez d'Abel Tasman. — **738** et **739.** Parlez de Cook et racontez ses trois grands voyages. — **740.** Quels sont, après Cook, les grands explorateurs de l'Australie? — **741.** Parlez de Bougainville. — **742** et **743.** Parlez de La Pérouse. — **744.** Parlez de Dumont d'Urville.

EXPLORATIONS AUX PÔLES. — **745.** A quelle époque ont commencé les premières explorations au pôle nord? — **746.** Citez les principaux navigateurs qui ont cherché à trouver le passage du Nord-Ouest. — **747.** Parlez de Parry. — **748.** Citez les navigateurs et savants qui ont cherché à trouver le passage du Nord-Est. — **749.** Parlez de Nordenskiœld. — **750.** Parlez des découvertes qui ont été faites au pôle sud.

Races humaines. — **751.** Par quoi les hommes se distinguent-ils les uns des autres? — **752.** Quelles sont les trois principales races humaines? — Qu'est-il résulté de leur mélange?

mener l'humanité à trois *races* ou *types* principaux : la race **blanche**, la race **jaune**, la race **noire**. — Ces trois races en se mélangeant entre elles ont donné naissance à des variétés ou types secondaires.

753. Race blanche. — Les Blancs ont la figure *ovale*, — le crâne *large*, — les yeux *droits*, — le nez *saillant*, — les lèvres *minces*, — les cheveux *longs*, *lisses* ou *bouclés*, — la peau *blanche* ou *bronzée*. Ils sont plus laborieux et plus instruits que les hommes des autres races.

754. Le berceau de la race blanche paraît avoir été la région élevée du Pamir (en Asie); les individus de cette race ont rayonné de ce plateau dans l'Inde, la Perse, la Syrie, l'Asie Mineure, l'Arabie, l'Europe, le nord de l'Afrique.

755. Les Blancs se divisent en deux branches: les **Sémites**, dont font partie les Israélites et les Arabes, — les **Indo-Européens** ou **Aryens**.

756. Les Indo-Européens comprennent :

En Asie : les *Hindous*, les *Persans*, les *Afghans*.

En Europe : les *Grecs*, — les *Celtes*, — les *Germains* (Allemands, Anglo-Saxons de l'Angleterre, Scandinaves), — les *Slaves* (Russes, Polonais, Serbes, Bulgares, Tchèques), — les **Latins** (Français, Espagnols, Portugais, Italiens, Roumains).

757. Race jaune. — Les Jaunes ont les *pommettes des joues saillantes*, — le front *bas*, — les yeux *bridés* (c'est-à-dire allongés vers les tempes), — le nez peu *saillant*, — les oreilles très *grandes*, — la barbe *rare*, — les cheveux *durs* et *noirs*, — la peau *jaune* ou *bronzée*.

758. Les Jaunes comprennent :

En Asie : les *Tartares* de la Sibérie, — les *Mongols* du Plateau central qui furent un instant si puissants sous Gengis-Khan et Tamerlan, — les *Turcomans*, — les *Chinois*, — les *Coréens*, — les *Japonais*, — les *Indo-Chinois* (Annamites, Siamois, Cambodgiens).

En Europe : les *Turcs*, — les *Hongrois* ou *Madgyars*, — les *Finnois*.

759. Race noire. — Les Noirs ou Nègres ont le crâne *allongé* et *resserré* vers les tempes, — les dents qui *avancent*, — le nez *écrasé*, — les lèvres *épaisses*, — les cheveux *courts* et *laineux*, — la peau *noire* et *luisante*.

760. Ils comprennent : les nègres du Soudan, de la Guinée, des grands lacs de l'Afrique, du Congo; les Boschimans, la race la plus grossière de l'Afrique.

Divers peuples de l'Afrique méridionale, comme les Hottentots, les Bantous, les Hovas, ne doivent pas être comptés parmi les nègres; ils sont probablement de race océanienne.

Les *Hottentots*, au teint jaune sale, ont un état social inférieur à celui des nègres; — les *Bantous* ou *Cafres*, dont font partie les Zoulous, sont des peuples guerriers et pasteurs; — les *Hovas* de Madagascar ont une certaine civilisation.

761. Autres races. — Du mélange des races blanche, jaune, noire se sont formées des variétés ou *types secondaires*, qui sont : la race boréale, — la race éthiopienne, — la race américaine, — la race océanienne.

762. La race **boréale** se distingue par sa petite taille et a quelque analogie avec la race jaune. Elle comprend les *Lapons*, dans le nord de l'Europe, — les *Ostiaks* et les *Samoyèdes*, dans le nord de l'Asie, — les *Esquimaux*, dans le nord de l'Amérique.

763. La race **éthiopienne** se rapproche de la race blanche; elle a le teint rougeâtre ou foncé, les cheveux lisses.

Elle comprend les *Égyptiens*, — les *Abyssins*, — les *Berbères* (Kabyles de l'Algérie, Touareg du Sahara), — les *Peuhls* ou *Fellâta* du Sénégal.

764. La race **américaine** comprend les *Peaux-Rouges* des tats-Unis, au teint rouge, au nez large et arqué, — les *Aztèques* du Mexique, de couleur olivâtre, — les *Guaranis* du Paraguay, au nez court et à la tête carrée, — les *Quichuas* et les *Aymaras* de la Cordillère des Andes.

765. La race **océanienne** comprend des types relativement supérieurs, comme les *Malais* en Océanie, qui sont arrivés à une certaine civilisation, et d'autres tout à fait inférieurs, comme les *Papous* de la Nouvelle-Guinée et les *Australiens*, dont l'existence est tout à fait misérable.

FAUNE TERRESTRE

766. Répartition des animaux. — Malgré la faculté qu'ont les animaux de se déplacer, ils sont généralement cantonnés dans les régions les plus favorables à leur développement.

767. On appelle *faune* d'un pays, l'ensemble des animaux propres à ce pays.

768. On peut distinguer *quatre grandes régions terrestres d'animaux* : la région Arctique, — la région de l'Ancien continent, — la région Australienne, — la région Américaine.

769. A ces quatre régions terrestres il convient d'ajouter une région *maritime* pour les animaux qui peuplent les mers ; il ne faut pas oublier non plus que l'air tient en suspension des milliards d'organismes microscopiques.

770. Région Arctique. — La végétation se réduisant dans la région Arctique à quelques herbes (mousses, lichens), il n'y a que fort peu d'animaux. Ce sont : le *renne*, qui est la bête de somme des Lapons, — la *martre*, la *zibeline*, l'*ours blanc*, qui sont revêtus d'épaisses fourrures, — le *phoque* et le *morse*, — la *baleine*, — le *pingouin*.

771. Région de l'Ancien continent. — Cette région, qui embrasse l'Europe, l'Asie, la Malaisie, l'Afrique, est la plus riche en animaux.

772. Europe. Ce sont les animaux domestiques (*cheval*, *âne*, *bœuf*, *mouton*, *porc*, *poule*, *canard*, *pigeon*, *abeille*), qui dominent dans cette partie du monde; il s'y trouve cependant encore quelques animaux sauvages (*ours gris*, *loup*, *renard*, *cerf*, *chamois*, *etc.*), mais en petit nombre.

773. Asie et Malaisie. L'Asie, qui s'étend du pôle Nord à l'équateur, et qui possède, par conséquent, tous les climats, a une plus grande variété d'animaux que l'Europe.

Dans les steppes de l'Asie centrale vivent le *chameau à deux bosses*, — l'*onagre* ou âne sauvage, — l'*hémione*, qui tient le milieu entre le cheval et l'âne, — le *yack*, sorte de bœuf.

774. En Chine et au Japon on trouve surtout le *ver à soie* et diverses espèces de poules et de canards que nous n'avons pas en Europe.

775. Dans l'Inde et dans la Malaisie (Océanie) on rencontre l'*éléphant* réduit en domesticité, — le *tigre*, — le *buffle*, dont on use pour le labour, — le *zébu* ou bœuf à bosse, qui sert pour les transports, — le *rhinocéros* à une corne, — la *chèvre* à long poil, — le *singe* (orang-outang), — le *crocodile* (gavial du Gange), — les *serpents venimeux* (naja).

776. Afrique. L'Afrique a des *dromadaires* (chameaux à une bosse) qui servent de monture, — des *autruches*, — des *éléphants sauvages*, — des *hippopotames*, — des *lions*, — des *rhinocéros* à deux cornes, — des *girafes*, — des *gazelles*.

777. Citons encore les *singes* (gorille, chimpanzé, maki ou singe à longue queue), — les *phacochères* (espèces de sangliers), — de nombreux *insectes* (termites), — des *serpents* (pythons), — des *zèbres*, sortes d'ânes rayés, — des *civettes* (ou rats musqués).

778. Région Australienne. — L'Australie a des animaux fort étranges, comme les *marsupiaux* (kangourou), qui portent leurs petits dans une poche placée sous le ventre, — l'*ornithorynque* et l'*échidné*, singuliers mammifères à museau corné rappelant le bec du canard, — le *cygne noir*, — l'*oiseau-lyre*.

779. Il n'y a ni vipères, ni serpent à sonnettes et peu d'insectes, mais de nombreux *lézards* dont un, l'*iguane*, atteint de grandes proportions.

780. Région Américaine. — Chacune des deux Amériques a ses espèces particulières. Dans l'*Amérique du Nord*, ce sont : le *bison*, — l'*élan*, — le *lynx*, — l'*aigle chauve*, — l'*aigle doré*, — le *colin*.

781. Dans l'Amérique du Sud, c'est le *tapir* (espèce d'éléphant), — le *jaguar* (sorte de tigre), — le *couguar* (dans le genre du lion), — les *singes à queue prenante* (ouistiti), — le *pécari* (espèce de sanglier), — le *fourmilier*, — le *lama*, la *vigogne*, l'*alpaca*, qui sont domestiqués et qui tiennent à la fois du chameau, de la chèvre, de l'âne.

782. Citons encore le *nandou* (sorte d'autruche), — le *condor* des Andes, gros oiseau, — l'*oiseau mouche*, si petit, qu'il peut se cacher dans une fleur, — de nombreux *serpents* (à sonnettes, boa), — des *caïmans* (qui ressemblent aux crocodiles), — de nombreux *insectes* (moustiques, lampyres, etc.).

783. Région maritime. — La mer est habitée jusque dans ses abîmes les plus profonds par des animaux innombrables.

Les principaux animaux qui y vivent sont : parmi les mammifères, la *baleine*, le *morse*, le *phoque*, le *dauphin*; — parmi les poissons, la *morue*, le *hareng*, la *sardine*, le *requin*; — parmi les crustacés, le *homard*, le *crabe*; — parmi les mollusques, la *moule*, la *seiche*, l'*huître* (dont une, celle du golfe Persique, fournit la perle); — parmi les polypes, le *corail*, l'*éponge*.

---

753. Quels sont les signes distinctifs de la race blanche? — **754.** Quel est le berceau présumé de la race blanche? — **755.** En combien de branches se divisent les Blancs? — **756.** Quels sont les peuples appartenant à la branche indo-européenne ou aryenne? — Citez les peuples latins. — **757.** Quels sont les signes distinctifs de la race jaune? — **758.** Quels sont les peuples appartenant à la race jaune? — **759.** Quels sont les signes distinctifs de la race noire? — **760.** Quels sont les peuples appartenant à la race noire? — **761.** Quelles sont les races secondaires? — **762.** Quels sont les peuples ou peuplades qui appartiennent à la race boréale? — **763.** à la race éthiopienne? — **764.** à la race américaine? — **765.** à la race océanienne?

Faune terrestre. — **766.** Parlez de la répartition générale des animaux. — **767.** Qu'appelle-t-on faune d'un pays? — **768.** Quelles sont les quatre grandes régions terrestres d'animaux? — **769.** Parlez de la région maritime d'animaux. — **770.** Quels sont les animaux de la région Arctique? — **771** et **772.** Quels sont les animaux de l'Europe? — **773.** de l'Asie centrale? — **774.** de la Chine et du Japon? — **775.** de l'Inde et de la Malaisie? — **776** et **777.** Quels sont les animaux de l'Afrique? — **778** et **779.** de la région australienne? — **780.** de l'Amérique du Nord? — **781** et **782.** de l'Amérique du Sud? — **783.** Quels sont les principaux animaux de la région maritime?

FLORE TERRESTRE

784. Répartition des végétaux. — Les végétaux n'ayant pas, comme les animaux, la faculté de se déplacer, se développent dans une aire (ou espace) beaucoup plus limitée; cependant il arrive que des causes accidentelles (graines transportées par le vent, par les oiseaux, etc.) les propagent dans une région qui n'était pas primitivement la leur.

785. On appelle *flore* d'un pays l'ensemble des plantes propres à ce pays.

786. On peut distinguer *quatre grandes régions terrestres de végétaux:* la région Arctique, — la région de l'Ancien continent, — la région Australienne, — la région Américaine.

787. A ces quatre régions terrestres il faut ajouter une *région maritime* pour les végétaux qui vivent dans la mer, et ne pas oublier que l'*air* lui-même a ses végétaux microscopiques.

788. Région Arctique. — Cette région ne possède, à cause du froid, qu'une végétation très pauvre, se réduisant à des *mousses* et des *lichens*.

789. Région de l'Ancien continent. — Cette région, qui embrasse l'Europe, l'Asie, la Malaisie, l'Afrique, se distingue par la grande variété de sa flore.

790. Europe. Est riche en *forêts*, en *céréales*, en *arbres fruitiers*, en *vignobles*, en *légumes*.

Les parties de l'Europe, de l'Afrique et de l'Asie, baignées par la *Méditerranée*, ont des arbustes particuliers: l'*olivier*, l'*amandier*, l'*oranger*, le *figuier*, le *laurier-rose*.

791. Asie. La Chine et le Japon ont l'*arbuste à thé* et le *mûrier*; — l'Inde, l'Indo-Chine cultivent la *canne à sucre*, le *riz*, le *pavot* dont on tire l'opium, le *sézame*, le *coton*. — Le café est originaire de l'*Arabie*.

792. Malaisie. Cette région océanienne a la même flore que l'Asie méridionale (Inde et Indo-Chine); elle possède surtout des *plantes à épices* (poivre, girofle, canelle, gingembre).

793. Afrique. Les déserts du Sahara et de Kalahari sont presque entièrement stériles; dans les oasis du premier pousse le *dattier;* dans le second il n'y a que quelques herbes.

Les autres régions de l'Afrique sont très fertiles. Dans le Soudan, soumis à un régime de pluies extraordinairement abondantes, on rencontre le *baobab*, le plus gros des arbres, le *palmier*, des *roseaux* géants, l'*arachide*, dont la graine donne de l'huile; — au Cap, on voit d'immenses *prairies* et les *végétaux d'Europe*.

794. Région Australienne. — L'Australie a d'immenses pâturages, où l'on élève un nombreux bétail; les propriétaires de 100000 moutons n'y sont pas rares.

On y rencontre aussi des végétaux d'une espèce toute particulière, pouvant s'accommoder d'un régime de pluies et de sécheresses alternatives, comme l'*eucalyptus*, arbre qui croît avec une grande rapidité, — les *scrubs*, buissons du genre acacia, — le *casuarina*.

795. Région Américaine. — Cette région approvisionne l'Europe surtout de coton et de café.

Amérique du Nord et Antilles. — Au Canada et dans la partie nord des États-Unis, ce sont les forêts qui dominent; — le bassin du Mississipi est la zone des *prairies* et des *céréales;* — en Californie croissent le *blé*, la *vigne*, et le *sequioa gigantea*, un des plus beaux arbres du monde; — en Louisiane et dans les États limitrophes, la grande culture est celle du *coton*.

796. Le Mexique et l'Amérique centrale ont le *cacao*, qui entre dans la fabrication du chocolat, — la *vanille*, — le *nopal*, qui nourrit la cochenille, — le *bois de campêche*, — le *quinquina*.

Les Antilles cultivent le *tabac*, le *café*, la *canne à sucre*.

797. Amérique du Sud. — L'Amérique du Sud a des *plaines herbeuses* (*llanos*) dans le bassin de l'Orénoque, — des *forêts épaisses* (*selvas*) dans le bassin de l'Amazone, — des *pâturages* (*pampas*) dans la République Argentine.

798. Le Brésil produit du *café* en très grande quantité, et dans ses forêts vierges on rencontre une quantité de *bois précieux*, parmi lesquels le *braisil*, qui a donné son nom au pays.

Le Paraguay cultive l'herbe *maté*, que l'on consomme en guise de thé dans toute l'Amérique du Sud.

799. Chaque étage de la chaîne des Andes offre une *flore différente*, depuis celle des pays tropicaux (au bas de la montagne) jusqu'à celle de l'Europe (en haut de la montagne).

Le Chili, qui a un climat tempéré analogue à celui de la région méditerranéenne, est très propre à la culture de la vigne, du blé, de l'olivier qu'on y a introduits.

800. Région Maritime. — La mer a, comme les continents, ses plantes particulières; c'est ainsi que la *mer des Sargasses*, dans l'océan Atlantique, est remplie d'herbes et que le long des côtes de la Bretagne il y a des *varechs*, avec lesquels on fume les terres.

FIN

Flore terrestre. — **784.** Parlez de la répartition générale des végétaux. — **785.** Qu'appelle-t-on flore d'un pays? — **786.** Quelles sont les quatre grandes régions terrestres de végétaux? — **787.** Parlez de la région maritime de végétaux. — **788.** Quels sont les végétaux de la région Arctique? — **789** et **790.** Quels sont les végétaux de l'Europe? — **791.** de l'Asie? — **792.** de la Malaisie? — **793.** de l'Afrique? — **794.** Quels sont les végétaux de la région Australienne? — **795.** du Canada et des États-Unis? — **796.** du Mexique, de l'Amérique centrale et des Antilles? — **797.** Qu'appelle-t-on llanos, selvas, pampas, dans l'Amérique du Sud? — **798.** Quelles sont les productions végétales du Brésil et du Paraguay? — **799.** Qu'est-ce qui distingue la flore de la Cordillère des Andes? — Quel est le climat du Chili et quelles sont les productions végétales de ce pays? — **800.** Parlez des végétaux de la région maritime.

TABLE DES MATIÈRES

Paris. — Imp. E. CAPIOMONT et V. RENAULT, rue des Poitevins, 6.

Paris. — Imprimerie Ve P. LAROUSSE et Cie, rue Montparnasse, 19.

www.ingramcontent.com/pod-product-compliance
Lightning Source LLC
LaVergne TN
LVHW010823150926
848035LV00047BA/1210
* 9 7 8 2 0 1 4 0 2 1 2 9 5 *